Dr. Oetker

Snacks+Vorspeisen

Köstliche Kleinigkeiten für vorneweg oder zwischendurch. Pikant mit Käse, Fleisch oder Wurst. Raffiniert mit Fisch. Fantasievoll vegetarisch. Oder als herzhaftes Gebäck.

Dr. Oetker

Snacks+Vorspeisen

Köstliche Kleinigkeiten für vorneweg oder zwischendurch. Pikant mit Käse, Fleisch oder Wurst. Raffiniert mit Fisch. Fantasievoll vegetarisch. Oder als herzhaftes Gebäck.

Dr. Oetker Verlag

Vorwort

Snacks + Vorspeisen

Das Buch „Snacks + Vorspeisen“ eröffnet Ihnen eine Vielfalt an Rezepten

Snacks – stillen den kleinen Hunger.

Vorspeisen – wecken Erwartungen auf nachfolgende Genüsse.

Gemüse-Carpaccio, Kartoffel-Schinken-Tortilla und Kroepoek-Häppchen sind verlockende Kleinigkeiten für den Gaumen.

Über 80 Rezepte und Tipps in diesem Buch dienen Ihnen als kulinarische Wegweiser.

Ratgebertipps zum Vorbereiten, Anrichten und Garnieren machen die herzhaften Schmeicheleien auch zum Genuss für das Auge.

Damit Ihnen die Rezepte gelingen, sind sie von uns ausprobiert und leicht verständlich Schritt für Schritt beschrieben.

Snacks + Vorspeisen
Aus Topf und Pfanne

Snacks + Vorspeisen
Pikantes Gebäck

Snacks und Vorspeisen – kleine Häppchen oder Mahlzeiten, einzeln serviert oder vielseitig kombiniert – sind für einen Empfang, ein Büffet oder nur so, immer im Trend.

Liebevoll angerichtet schmecken die raffinierten Kleinigkeiten nochmal so gut. Im Ratgeber finden Sie Tipps zum Anrichten und Garnieren sowie noch einige klassische Rezepte für Dips, Gemüsesaucen, Marinaden und Gebäck.

Klassische Dips und Gemüsesaucen – können einfach zu gerösteten Brotscheiben und Gemüsesticks nach Wahl gereicht werden.

Relish provenzalisch (4–6 Portionen)

je 1	*gelbe und rote Paprikaschote*
200 g	*Zucchini*
300 g	*Tomaten*
200 g	*Auberginen*
3	*abgezogene Knoblauchzehen*
1 EL	*Tomatenmark*
250 ml (1/4 l)	*Weißwein*
2 EL	*Weißweinessig*
1 Msp.	*gerebelter Thymian*
	Salz, Pfeffer
125 g	*brauner Zucker*
1 Msp.	*Cayennepfeffer*

1 Paprikaschoten halbieren, entstielen, entkernen und die weißen Scheidewände entfernen. Schoten waschen und abtropfen lassen. Tomaten abspülen, kreuzweise einschneiden und kurze Zeit in kochendes Wasser legen (nicht kochen lassen), mit kaltem Wasser abschrecken und enthäuten. Tomaten halbieren und die Stängelansätze herausschneiden. Auberginen und Zucchini waschen, abtrocknen und die Enden bzw. Stängelansätze abschneiden.
2 Gemüse fein würfeln und in einen Topf geben. Knoblauch durch eine Knoblauchpresse zum Gemüse drücken. Tomatenmark unterrühren. Wein, Essig, Thymian, Salz und Pfeffer hinzufügen. Das Ganze etwa 20 Minuten kochen lassen.
3 Zucker unterrühren. Relish noch etwa 5 Minuten kochen lassen, mit Cayennepfeffer abschmecken.

Tipp
Das Relish lässt sich gut vorbereiten und hält sich im Kühlschrank, in gut verschlossenen Gefäßen 3–4 Tage.

Rouille (4–6 Portionen)

1	*große rote Paprikaschote*
1–2	*kleine rote Chilischoten*
1–2 EL	*Olivenöl*
	Salz
1	*abgezogene Knoblauchzehe*
3 TL	*Semmelbrösel (vom Bäcker)*
250 g	*Delikatess-Mayonnaise*

1 Paprikaschote und Chilischoten halbieren, entstielen, entkernen und die weißen Scheidewände entfernen. Die Schoten waschen, abtropfen lassen und in kleine Stücke schneiden.
2 Olivenöl in einer Pfanne erhitzen. Die Paprikastücke darin etwa 3 Minuten dünsten. Knoblauch durch eine Knoblauchpresse drücken.
3 Paprika- und Chilistücke mit Knoblauch zu einer Paste pürieren. Paste und Semmelbrösel unter die Mayonnaise rühren. Rouille mit Salz abschmecken.

Tipp
Rouille sollte immer frisch zubereitet werden. Sie schmeckt gut zu gegrilltem Fleisch oder zu Fisch.

Aioli (4 Portionen)

1	*Eigelb (Größe M)*
1–2 TL	*Weißweinessig oder Zitronensaft*
	Salz
1/2–1 TL	*mittelscharfer Senf*
125 ml (1/8 l)	*Speiseöl, z. B. Sonnenblumenöl*
2–3	*abgezogene Knoblauchzehen*

1 Eigelb mit Essig oder Zitronensaft, Salz und Senf in einer Rührschüssel mit einem Schneebesen oder einem Handrührgerät mit Rührbesen zu einer dicklichen Masse aufschlagen.
2 Öl nach und nach unterschlagen. Knoblauch unterrühren.

Tipp
Die Zutaten für das Aioli sollten ungefähr die gleiche Temperatur haben, damit sich alle Zutaten gut verbinden.
Wenn es schnell gehen soll, fertig gekaufte Mayonaise mit Knoblauch abschmecken.

Hinweis
Nur ganz frische Eier verwenden, die nicht älter als 5 Tage sind (Legedatum beachten!). Aioli im Kühlschrank aufbewahren und innerhalb von 24 Stunden verzehren.

Ajvar (4–6 Portionen)

3	*rote Paprikaschoten*
1	*Aubergine (etwa 300 g)*
1	*rote Peperoni*
2	*abgezogene Knoblauchzehen*
1	*abgezogene Zwiebel*
1	*Fleischtomate (etwa 250 g)*
8 EL	*Olivenöl*
2 EL	*Zitronensaft*
	Salz, Pfeffer
	Paprikapulver, edelsüß oder rosenscharf

1 Paprika halbieren, entstielen, entkernen, die weißen Scheidewände entfernen. Schoten waschen, trockentupfen und vierteln. Paprikastücke mit der Hautseite nach oben auf ein Backblech (gefettet) legen. Das Backblech in den vorgeheizten Backofen schieben.

Ober-/Unterhitze: etwa 220 °C
Heißluft: etwa 200 °C
Backzeit: etwa 15 Min. (Paprika so lange backen, bis die Haut Blasen wirft.)

2 Das Backblech auf einen Rost stellen. Paprikastücke 10 Minuten unter einem feuchten Tuch ruhen lassen, dann häuten.
3 Aubergine waschen, abtrocknen und den Stängelansatz abschneiden. Die Aubergine dünn schälen. Aubergine in Würfel schneiden. Peperoni waschen, abtrocknen, halbieren und entkernen.
4 Knoblauchzehen und Zwiebel würfeln. Tomate waschen, abtropfen lassen, kreuzweise einschneiden und mit kochendem Wasser übergießen, kurz ziehen lassen. Dann die Tomate mit kaltem Wasser abschrecken. Tomate enthäuten, halbieren, entkernen und den Stängelansatz herausschneiden. Fruchtfleisch in Würfel schneiden.
5 Die vorbereiteten Zutaten mit Olivenöl und Zitronensaft in eine hohe Rührschüssel geben und ganz grob pürieren (es soll kein Mus entstehen). Ajvar mit Salz, Pfeffer und Paprika mild oder scharf abschmecken.

Orangentomaten (4–6 Portionen)

etwa 20	*Cocktailtomaten*
40 ml	*Olivenöl*
100 g	*Zucker*
8 EL	*möglichst gelb-orangen Essig, z. B. Safranessig, Sherryessig*
4 EL	*Estragonessig*
	Saft von 2 Orangen
1 Pck.	*Dr. Oetker Finesse Orangenfrucht*
4 TL	*Ingwersaft (Asialaden)*
2 EL	*Tomatenketchup*
4 EL	*Tomatenmark*
2 EL	*süße Chilisauce*
	Salz, Pfeffer
2	*Gewürznelken*
1/2 TL	*gemahler Piment*
1/2 TL	*Cayennepfeffer*
1 EL	*gerebelter Majoran*

1 Tomaten waschen und abtrocknen. Öl in einer Pfanne erhitzen. Tomaten darin anbraten, bis die Haut aufplatzt, aus der Pfanne nehmen und auf Küchenpapier abtropfen lassen.
2 Zucker in einem Topf bei mittlerer Hitze karamellisieren lassen. Den Topf von der Kochstelle nehmen, Essige hinzugießen und unter Rühren aufkochen lassen. Orangensaft, -frucht, Ingwersaft, Ketchup, Tomatenmark und Chilisauce unterrühren und leicht einkochen lassen.
3 Den Sud mit Salz, Pfeffer, Nelken, Piment und Cayennepfeffer würzen und den Topf von der Kochstelle nehmen. Majoran unterrühren. Tomaten in ein großes verschließbares Glas füllen und mit dem Sud begießen. Das Ganze erkalten lassen, dann mit einem Deckel verschließen und mindestens 4 Stunden durchziehen lassen.

Tipp
Die Orangentomaten können so 3–4 Tage im Kühlschrank aufbewahrt werden.
Sie passen gut zu gebratenem Fleisch oder auf ein mit Pesto bestrichenes Brot, über das man ein wenig frisch geriebenen Parmesan-Käse gibt.

Marinaden für Gemüse und Käse – können gut vorbereitet und einfach mit frischem Baguette oder rustikalem Roggenbrot, eingelegten Oliven und frischen Gemüsesticks serviert werden.

Gemüsemarinade

2	*abgezogene Schalotten*
1–2	*abgezogene Knoblauchzehen*
5 EL	*Weißwein*
5 EL	*Olivenöl*
4 EL	*Rotweinessig*
2 EL	*Balsamico-Essig*
2	*Lorbeerblätter*
1 gestr. TL	*Salz*
1 gestr. TL	*Zucker*
	frisch gemahlener Pfeffer

1 Schalotten zuerst in dünne Scheiben schneiden, dann in Ringe teilen. Knoblauch fein würfeln und mit den Schalotten in einen Topf geben. Wein, Olivenöl, beide Essigsorten, Lorbeerblätter, Salz, Zucker und Pfeffer hinzufügen. Die Zutaten gut verrühren und unter Rühren kurz aufkochen lassen.
2 Die Marinade auf das vorbereitete Gemüse gießen, mindestens 2–3 Stunden marinieren.

Tipp
Die Marinade ist ausreichend für etwa 1,5 kg geputztes, in Scheiben oder Streifen geschnittenes und kurz in Olivenöl angebratenem Gemüse (z. B. Paprikaschoten, Frühlingszwiebeln, Zucchini, Möhren, Radicchio, Champignons).

Pilzmarinade

1	*kleine Chilischote*
3–4	*abgezogene Knoblauchzehen*
1	*Rosmarinzweig*
125 ml (1/8 l)	*Weinessig*
125 ml (1/8 l)	*Weißwein*
125 ml (1/8 l)	*Speiseöl, z. B. Olivenöl*
1 EL	*grüne Pfefferkörner*
1 TL	*Salz*

1 Chilischote putzen, halbieren, entkernen, abspülen, abtropfen lassen und in Streifen schneiden. Knoblauch in dünne Scheiben schneiden. Rosmarin abspülen und abtropfen lassen.
2 Essig, Wein und Öl mit Chilischoten, Knoblauch, Rosmarin, Pfefferkörnern und Salz aufkochen. Champignonscheiben hinzufügen in dem Sud etwa 10 Minuten ziehen lassen. Dann mit dem Sud abkühlen lassen, in verschließbare Gläser füllen und im Kühlschrank 1–2 Tage durchziehen lassen.

Tipp
Die Marinade ist ausreichend für etwa 1 kg geputzte, in Scheiben geschnittene Champignons.

Käsemarinade

2	*abgezogene Schalotten*
1	*Rosmarinzweig*
je 1	*rote und grüne Chilischote*
4 EL	*Olivenöl*
	Salz
	frisch gemahlener Pfeffer

1 Schalotten fein würfeln. Rosmarinzweig abspülen und trockentupfen. Die Nadeln vom Zweig zupfen und klein schneiden. Chilischoten abspülen, trockentupfen, halbieren, entkernen und fein würfeln.
2 Schalottenwürfel mit Rosmarinnadeln, Chiliwürfeln und Olivenöl mischen. Käse mit der Marinade übergießen, mit Salz und Pfeffer würzen. Käse kalt gestellt etwa 1 Stunde durchziehen lassen.

Tipp

Die Marinade ist ausreichend für 400 g gewürfelten Schafkäse oder Manchego-Käse (spanischer Käse).

Bohnenmarinade

1	*abgezogene Zwiebel*
2	*abgezogene Knoblauchzehen*
	Salz, Pfeffer
1 TL	*mittelscharfer Senf*
1/2 TL	*getrockneter Oregano*
3 EL	*Rotweinessig*
5 EL	*Olivenöl*
3 EL	*gehackte Petersilienblättchen*

1 Zwiebel und Knoblauch würfeln. Salz, Pfeffer, Senf, Oregano, Essig und zuletzt Öl unterrühren.
2 Die Marinade mit der Petersilie unter die Bohnen mischen und einige Stunden durchziehen lassen.

Tipp

Die Marinade ist ausreichend für 500 g abgetropfte rote und weiße Bohnen aus der Dose.

Pikantes Blätterteiggebäck – ist eine schnell zubereitete Alternative zu gekauften Kräckern oder Chips.

Dazu einfach TK-Blätterteig nach Packungsanleitung auftauen lassen, etwas ausrollen und nach Belieben Motive (z. B. Herzen, Kleeblätter u. ä.) ausstechen oder Blätterteig einfach in Streifen schneiden.
Das Gebäck auf ein Backblech (mit Backpapier belegt) legen und etwa 10 Minuten ruhen lassen. Dann ein Eigelb mit einem Esslöffel Milch verschlagen und die Teigmotive oder Streifen damit bestreichen. Nach Belieben das Gebäck mit Käse, Mohn-, Sesamsamen, Sonnenblumenkernen oder Hagelzucker bestreuen oder mit einer Gabel Muster auf die Teigoberfläche ziehen. Anschließend das Gebäck im vorgeheizten Backofen etwa 10 Minuten bei Ober-/Unterhitze (etwa 200 °C) backen.
Statt Blätterteig kann man auch Yufkateig verwenden. Dazu die die dünnen Teigblätter mit zerlassener Butter bestreichen und mit einem Pizzaroller Streifen oder andere Motive ausschneiden. Nach Belieben mit Salz, Mohn- oder Sesamsamen bestreichen. Yufkagebäck auf einem Backblech (mit Backpapier belegt) in den vorgeheizten Backofen schieben und 3–5 Minuten bei Ober-/Unterhitze (etwa 200 °C) backen.

Dekoratives Anrichten von Snacks

Während Vorspeisen in der Regel auf Tellern serviert werden, werden Snacks häufig als Fingerfood verzehrt. Salate können gut in kleineren Gläsern, z. B. Wassergläsern oder Tassen serviert werden. Servietten oder Butterbrotpapier eignen sich zum Umwickeln von Sandwiches, Wraps und ähnlichem. Preiswert und hübsch anzusehen sind Snacks, die in Papiermuffinsförmchen gelegt werden. Diese gibt es in verschiedenen Größen, Farben und Motiven.

Garnieren von Snacks und Vorspeisen

Klassische Werkzeuge für Garnierungen aus Obst und Gemüse sind z. B.:

- Julienneschneider, zum Schneiden feiner Gemüsestreifen aus Möhren, Kohlrabi usw.
- Zestenreißer, für feine Streifen von Zitrusfrüchten wie Limetten, Zitronen oder Orangen
- Kugelausstecher, zum Aushöhlen von Melonen, aber auch für Gemüse, z. B. Kohlrabi und Kartoffeln
- Radischneider, auch Spiral- oder Rettichschneider genannt, zum Herstellen von Spiralen aus Rettichen und Gurken

Beliebt sind auch Buntmesser, die Gemüse oder Käse in Zickzackscheiben schneiden.

Aber natürlich genügt auch ein scharfes Gemüse- bzw. Obstmesser um dekorative Garnituren herzustellen. Klassiker dafür sind z. B. Radieschen- oder Eiermäuse, Radieschenblüten, Gurkenfächer und Fliegenpilze.

Einfach und schnell sind auch die folgenden Garnierungen herzustellen:

Peperoniblüten: Von Peperoni die Spitzen abschneiden (es werden nur die Enden mit dem Stielansatz verwendet). Auf die gewünschte Länge schneiden und die Innenhäute und evtl. die Kerne der Peperoni mit einem kleinen Messer entfernen.
Mit einer spitzen Schere rundherum gleichmäßig große Dreiecke ausschneiden.
Peperoni 1–2 Stunden in eiskaltes Wasser legen, damit sich die Blütenblätter nach außen biegen.

Tomatenblüten: Die Schale von reifen Cocktailtomaten mehrmals kreuzweise einschneiden und die Schale vorsichtig zu Blütenblättern aufziehen.

Frühlingszwiebelbürstchen: Dazu von Frühlingszwiebeln das dunkle Grün und die Wurzeln abschneiden. Den helleren Teil der Zwiebel in etwa 6 cm lange Stücke schneiden. Diese bis zur Mitte rundherum einschneiden und in eiskaltes Wasser legen, damit sich das „Bürstchen" ausbilden kann.

Papayablüten: Eine Papaya in der Mitte zickzackförmig einschneiden und die Frucht auseinander ziehen. Auch Melonen lassen sich auf diese Weise herrichten.

Frittierte Gemüsestreifen, Kräuter oder Teigblätter: Für Gemüsestreifen z. B. fein geschnittene Weißkohl-, Möhrenstreifen oder Kartoffelstäbchen in etwa 180 °C heißem Ausbackfett kurz frittieren. Auch Kräuterstängel bzw. -blätter wie Thymian, Rosmarin, Salbei oder Rucola eignen sich dafür. Etwas mehr Aufwand erfordern ausgebackene Teigblätter, z. B. aus Wan-Tan-Teigplatten (Asialaden). Für Tandoori-Chips einen Teelöffel Tandooripaste mit zwei Eiweiß aufschlagen. Acht Wan-Tan-Teigplatten (10 x 10 cm) diagonal halbieren und von beiden Seiten mit der Eiweißmasse bestreichen. Die Teigdreiecke im heißen Fett ausbacken, mit einem Schaumlöffel herausnehmen, auf Küchenpapier abtropfen lassen und mit Salz bestreuen.

Tipp

Die Tandoori-Chips können auch im vorgeheizten Backofen bei Ober-/Unterhitze (etwa 180 °C) auf einem mit Backpapier ausgelegtem Backblech zubereitet werden.

Abkürzungen

EL	=	Esslöffel	geh.	=	gehäuft
TL	=	Teelöffel	gestr.	=	gestrichen
Msp.	=	Messerspitze	TK	=	Tiefkühlprodukt
Pck.	=	Packung/Päckchen	°C	=	Grad Celsius
g	=	Gramm	Ø	=	Durchmesser
kg	=	Kilogramm	E	=	Eiweiß
ml	=	Milliliter	F	=	Fett
l	=	Liter	Kh	=	Kohlenhydrate
Min.	=	Minuten	kcal	=	Kilokalorien
Std.	=	Stunden	kJ	=	Kilojoule
evtl.	=	eventuell			

Gerollt, gefüllt und aufgespießt

Seite 14 – 39

Feine Snacks – die keine Spießer sind

Tomaten mit Fischsalat
Tomaten mit Käsesalat
Zucchiniröllchen, gefüllt mit Safran-Couscous
Zucchini- und Auberginenröllchen
Käsespießchen mit fruchtigen Dips
Räucherlachs-Früchte-Spießchen mit Joghurt-Dip
Pilz-Wraps
Wraps mit Lachs
Oliven mit Speck-Käse-Mantel
Pflaumen im Speckmantel
Datteln mit Käse im Schinkenmantel
Gratinierte gefüllte Tomaten
Spätzle-Gemüse-Ragout in Fleischtomaten
Marinierte Melone mit Schafkäse
Auberginen mit Ricotta-Füllung
Gefüllte Champignonköpfe
Gefüllte Champignons mit Schinken
Leber-Trauben-Spieße
Gebackene Polentastücke mit Schinken und Sardellen
Gefüllte Gemüsezwiebeln mit einem Pilzauflauf
Bunte gefüllte Zwiebeln
Gemischte Vorspeisenspieße
Mozzarellaspieße
Garnelen-Gemüse-Röllchen
Garnelen am Spieß

Tomaten mit Fischsalat (im Foto unten)

Zubereitungszeit: 40 Min. | Pro Stück: E: 11 g, F: 11 g, Kh: 4 g, kJ: 679, kcal: 159 | Mit Alkohol

4 Stück

4	*große Tomaten*
	Salz
250 g	*Seeteufel*
1–2 EL	*Zitronensaft*
	frisch gemahlener Pfeffer
3	*Basilikumstängel*
200 g	*Schmand oder 150 g Crème légère*
1 EL	*trockenen Sherry*
1 TL	*scharfer Senf*
10 g	*Butter*
1 Msp.	*Cayennepfeffer*

1 Tomaten waschen, abtrocknen und einen Deckel abschneiden. Tomaten vorsichtig aushöhlen, dabei einen etwa 1 cm dicken Rand stehen lassen. Dann die Tomaten innen salzen.

2 Seeteufel unter fließendem kalten Wasser abspülen, trockentupfen und in sehr kleine Würfel schneiden. Fischwürfel mit Zitronensaft, Salz und Pfeffer würzen.

3 Basilikum abspülen, trockentupfen und die Blätter von den Stängeln zupfen. Vier Blätter zum Garnieren beiseite legen. Restliche Blätter in feine Streifen schneiden. Schmand oder Crème légère mit einem Schneebesen glatt rühren. Sherry, Senf und Basilikum unterrühren.

4 In einen Topf etwa 2 cm hoch Wasser einfüllen und zum Kochen bringen. Einen Dämpfeinsatz mit Butter ausstreichen und in den Topf hängen. Fischwürfel in den Einsatz legen. Den Topf mit einem Deckel verschließen. Fischwürfel etwa 2 Minuten dämpfen.

5 Die noch warmen Fischwürfel vorsichtig unter die Schmand- oder Crème-légère-Masse heben, mit Salz und Cayennepfeffer abschmecken. Den Fischsalat in die ausgehöhlten Tomaten füllen, die Deckel darauf setzen. Tomaten mit den beiseite gelegten Basilikumblättern garnieren.

Tipp

Der Seeteufel kann auch durch Kabeljau-, Seehecht- oder Zanderfilet ersetzt werden.
Wer möchte, kann den Fischsalat auch mit einer leichten Kräutervinaigrette anmachen.

Abwandlung: **Tomaten** mit Käsesalat (im Foto oben)

Zubereitungszeit: 35 Min. | Pro Stück: E: 12 g, F: 23 g, Kh: 6 g, kJ: 1165, kcal: 278 | Beliebt

8 Stück

50 g	*abgezogene, gehackte Mandeln*
125 g	*Salatmayonnaise*
	Salz
	frisch gemahlener Pfeffer
2–3	*Äpfel, z. B. Cox Orange*
300 g	*Emmentaler- oder Gouda-Käse, in etwa 3 mm dicke Scheiben geschnitten*
8	*mittelgroße Tomaten*
1 EL	*Schnittlauchröllchen*

1 Mandeln unter die Mayonnaise rühren, mit Salz und Pfeffer würzen. Äpfel schälen, vierteln, entkernen und in dünne, etwa 1 cm lange Stifte schneiden. Käse ebenfalls in etwa 1 cm lange Stifte schneiden. Apfel- und Käsestifte sofort unter die Mandel-Mayonnaise rühren.

2 Tomaten waschen, abtrocknen und jeweils einen Deckel abschneiden. Die Tomaten vorsichtig aushöhlen. Die Tomatendeckel fein würfeln und mit den Schnittlauchröllchen unter den Salat rühren. Ausgehöhlte Tomaten mit dem Salat füllen, evtl. restlichen Salat dazureichen.

Tipp

Die gefüllten Tomaten zusätzlich mit Schnittlauchhalmen garniert servieren.

Zucchiniröllchen, gefüllt mit Safran-Couscous

Zubereitungszeit: 45 Min. | Backzeit: etwa 10 Min.
Pro Stück: E: 5 g, F: 7 g, Kh: 5 g, kJ: 426, kcal: 102 | Raffiniert

Tipp

Halten die Zucchiniröllchen nicht zusammen, kann man sie mit Holzspießchen fixieren, diese vor dem Servieren wieder entfernen.
Als Vorspeise reichen die 12 Röllchen für 4 Portionen.

12 Stück

120 ml	*Gemüsebrühe*
1 Msp.	*Safranpulver*
70 g	*Instant-Couscous*
2	*Schalotten*
40 g	*Butter*
2	*Bio-Limetten (unbehandelt, ungewachst)*
100 g	*Ricotta (italienischer Frischkäse)*
1 Prise	*Zucker*
	Salz
¼ TL	*Cayennepfeffer*
2	*große Zucchini (etwa 25 cm lang)*
6 EL	*Olivenöl*
	frisch gemahlener Pfeffer
12	*rohe Garnelen, ohne Kopf, mit Schale (dürfen nicht zu groß sein)*
2–3 EL	*Olivenöl*

1 Brühe mit Safran in einem Topf zum Kochen bringen. Couscous mit der Safranbrühe begießen, umrühren und 5–6 Minuten quellen lassen, bis die Flüssigkeit aufgesogen ist, gelegentlich umrühren.
2 Schalotten abziehen, fein würfeln. Butter in einer Pfanne zerlassen. Schalottenwürfel darin kurz andünsten, dann mit einer Gabel unter den Couscous rühren. Couscousmischung abkühlen lassen.
3 Limetten heiß abwaschen, abtrocknen und halbieren. Vier dünne Limettenscheiben abschneiden und beiseite legen. Restliche Limetten auspressen. Etwa die Hälfte des Limettensaftes mit Ricotta verrühren und unter den Couscous mischen. Couscous mit Zucker, Salz und Cayennepfeffer abschmecken.
4 Zucchini waschen, abtrocknen und die Enden abschneiden. Zucchini längs, mit einem Messer oder einer Aufschnittmaschine, in 12 etwa ½ cm starke Scheiben schneiden. Die Scheiben aus der Mitte der Zucchini schneiden, damit der Rand der Zucchiniröllchen hoch genug ist.
5 Olivenöl portionsweise in einer Pfanne erhitzen. Die Zucchinischeiben darin portionsweise von beiden Seiten anbraten, mit Salz und Pfeffer würzen. Die Scheiben auf Küchenpapier abtropfen lassen.
6 Jede Zucchinischeibe zylinderförmig (Ø 4–5 cm) aufrollen und in eine Auflaufform (gefettet) setzen. Zylinder vorsichtig mit Couscous füllen. Die Form auf dem Rost in den vorgeheizten Backofen schieben.

Ober-/Unterhitze: etwa 220 °C
Heißluft: etwa 200 °C
Backzeit: etwa 10 Minuten.

7 Garnelen schälen, entdarmen, unter fließendem kalten Wasser abspülen und trockentupfen. Öl in einer Pfanne erhitzen. Die Garnelen darin anbraten, mit Salz und Pfeffer würzen, restlichen Limettensaft unterrühren.
8 Gefüllte Zucchiniröllchen vorsichtig aus der Form nehmen. Je eine Garnele darauf setzen, mit den Limettenvierteln garnieren und servieren.

Zucchini- und Auberginenröllchen

Zubereitungszeit: 50 Min., ohne Wartezeit | Backzeit: etwa 15 Min. | Pro Stück: E: 4 g, F: 8 g, Kh: 3 g, kJ: 410, kcal: 98
Gut vorzubereiten

etwa 20 Stück

2	mittelgroße Auberginen
2	mittelgroße Zucchini
	Salz
1–2	Knoblauchzehen
125 ml (1/8 l)	Olivenöl
	frisch gemahlener Pfeffer
150 g	Feta-Käse

Für die Tomatensauce:

1	Zwiebel
1	Knoblauchzehe
2 EL	Olivenöl
2 Dosen	stückige Tomaten (je 400 g)
	Salz
	frisch gemahlener Pfeffer
1 Prise	Zucker

Für den Belag:

125 g	Mozzarella-Käse
2	mittelgroße Tomaten

1. Auberginen und Zucchini waschen und abtrocknen, die Enden abschneiden. Das Gemüse längs in jeweils 10 etwa 1 cm dicke Scheiben schneiden.
2. Auberginenscheiben mit Salz bestreuen, 15 Minuten stehen lassen, dann mit Küchenpapier trockentupfen. Knoblauchzehen abziehen und durch eine Knoblauchpresse drücken.
3. Etwas von dem Olivenöl in einer Pfanne erhitzen. Knoblauch hinzufügen. Auberginen- und Zucchinischeiben portionsweise darin anbraten. Die Scheiben auf Küchenpapier abtropfen lassen, mit Salz und Pfeffer bestreuen.
4. Den Feta-Käse in 20 längliche Stifte schneiden, jeweils 1 Stift auf eine Gemüsescheibe legen und von der schmalen Seite her aufrollen.
5. Für die Tomatensauce Zwiebel und Knoblauch abziehen und würfeln. Olivenöl in einem Topf erhitzen. Die Zwiebel- und Knoblauchwürfel darin andünsten. Die Tomatenstücke mit der Flüssigkeit hinzufügen und etwas einkochen lassen, bis die Sauce sämig ist. Die Sauce mit Salz, Pfeffer und Zucker abschmecken.
6. Die Sauce in eine große, flache Auflaufform füllen und die Röllchen hineinsetzen.
7. Für den Belag Mozzarella-Käse abtropfen lassen und in sehr feine Scheiben schneiden. Tomaten waschen, abtrocknen, halbieren und die Stängelansätze herausschneiden. Tomaten in Scheiben schneiden. Erst die Tomatenscheiben, dann die Mozzarellascheiben auf die Röllchen legen. Jeweils mit Salz und Pfeffer bestreuen. Die Form auf dem Rost in den vorgeheizten Backofen schieben.

Ober-/Unterhitze: etwa 200 °C
Heißluft: etwa 180 °C
Backzeit: etwa 15 Minuten.

Tipp

Dazu passt frisches Fladen- oder Bauernbrot. Das Gericht schmeckt warm und kalt.

Käsespießchen mit fruchtigen Dips

Zubereitungszeit: 50 Min. | Pro Portion: E: 12 g, F: 17 g, Kh: 7 g, kJ: 986, kcal: 236 | Mit Alkohol

6 Portionen

125 g	Weintrauben (grüne und blaue)
125 g	Erdbeeren
200 g	schnittfester Ziegenkäse
200 g	Maasdamer-Käse
200 g	Gouda-Käse

Außerdem:
kleine Holzspieße

Für den Himbeer-Dip:

250 g	Himbeeren
	frisch gemahlener Pfeffer
30 g	gesiebter Puderzucker
1–2 EL	Himbeergeist oder weißer Rum

Für den Kiwi-Dip:

200 g	Kiwi
1 EL	Zitronensaft
	frisch gemahlener Pfeffer
1–2 EL	heller Portwein oder Sherry

Außerdem:
Holzspießchen

1 Weintrauben und Erdbeeren waschen, trockentupfen und entstielen. Große Früchte evtl. halbieren. Käse in gleich große, mundgerechte Würfel schneiden. Früchte mit den Käsewürfeln auf Spießchen stecken und auf einer Platte anrichten.

2 Für den Himbeer-Dip Himbeeren verlesen, abspülen, abtropfen lassen und durch ein Sieb streichen, Puderzucker unterrühren. Himbeermasse mit Pfeffer und Himbeergeist oder Rum abschmecken.

3 Für den Kiwi-Dip Kiwi schälen, in Stücke schneiden und fein pürieren. Kiwipüree mit Zitronensaft, Pfeffer und Portwein oder Sherry abschmecken.

Tipp

Für alkoholfreie Fruchtdips den Alkohol jeweils durch Apfelsaft ersetzen. Je nach Saison können die Obstsorten für die Käsespießchen variieren Besonders Ananasstückchen, Melonenkugeln oder Mandarinenspalten eignen sich gut.

Beilage

Frisches Baguette oder Pumpernickeltaler.

Räucherlachs-Früchte-Spießchen mit Joghurt-Dip

Zubereitungszeit: 20 Min. | Pro Stück: E: 13 g, F: 5 g, Kh: 12 g, kJ: 668, kcal: 159 | Raffiniert – fruchtig

8 Stück

3	*Kiwi*
2	*rote Äpfel*
etwas	*Ananassaft (aus der Dose)*
4	*Ananasringe (aus der Dose)*
300 g	*Naturjoghurt*
2 TL	*geriebener Meerrettich*
	Salz
	frisch gemahlener Pfeffer
16 Scheiben	*Räucherlachs (etwa 480 g)*

Außerdem:

8	*Schaschlikspieße*

1. Kiwi schälen, längs halbieren und in nicht zu dünne Scheiben schneiden.
2. Äpfel waschen, abtrocknen, halbieren und entkernen. Äpfel vierteln. Danach mit Ananassaft beträufeln, damit die Schnittflächen nicht braun werden. Ananasringe in mundgerechte Stücke schneiden.
3. Joghurt in eine Schüssel geben, mit Meerrettich verrühren, mit Salz und Pfeffer würzen.
4. Lachs zu Röllchen formen und abwechselnd mit den vorbereiteten Früchten auf Spieße stecken. Dazu den Joghurt-Dip reichen.

Tipp

Räucherlachs-Früchte-Spieße mit frisch gemahlenem Pfeffer würzen. Nach Belieben können die Spieße noch kleiner angerichtet werden, dann die Zutaten auf Holzspießchen stecken. Den Lachs vor dem Einrollen mit Meerrettichsahne bestreichen.

Abwandlung

Forellenfilet-Orangen-Spieße:

4 geräucherte Forellenfilets evtl. entgräten, jedes Filet in 3 Stücke schneiden. Die Fischstücke mit filetierten Orangenspalten und kernlosen Weintrauben auf 12 Holzspießchen stecken. Dazu schmeckt auch der Joghurt-Dip von den Räucherlachs-Früchte-Spießchen.

Pilz-**Wraps**

Zubereitungszeit: 20 Min. | Garzeit: etwa 15 Min. | Pro Portion: E: 17 g, F: 10 g, Kh: 30 g, kJ: 1184, kcal: 280 | Schnell zubereitet

6–8 Stück

300 g	*Putenbrustfilet*
3	*Frühlingszwiebeln*
300 g	*Austernpilze*
2 EL	*Olivenöl*
1	*Knoblauchzehe*
	Salz
	frisch gemahlener Pfeffer
4	*mittelgroße Tomaten*
6–8	*weiche Weizentortillas (Wraps, je etwa 45 g)*
1 Kästchen	*Kresse*
150 g	*Schmand oder saure Sahne*

1 Putenbrustfilet unter fließendem kalten Wasser abspülen und trockentupfen. Fleisch in Streifen schneiden. Frühlingszwiebeln putzen, abspülen, abtropfen lassen und in dünne Ringe schneiden. Austernpilze putzen, mit Küchenpapier abreiben, evtl. abspülen und in feine Streifen schneiden.

2 Einen Esslöffel vom Öl in einer Pfanne erhitzen. Fleisch bei starker Hitze kräftig darin anbraten. Frühlingszwiebeln dazugeben. Knoblauch abziehen, durch eine Knoblauchpresse drücken und zum Fleisch geben. Fleisch mit Salz und Pfeffer würzen und aus der Pfanne nehmen.

3 Tomaten waschen, abtrocknen, halbieren und die Stängelansätze herausschneiden. Tomaten in kleine Würfel schneiden. Restliches Öl in die Pfanne geben. Austernpilze darin kräftig braten und mit Salz und Pfeffer würzen.

4 Tortilla-Fladen nach Packungsanleitung erwärmen. Kresse abspülen, trockentupfen und abschneiden. Fladen dünn mit Schmand oder saurer Sahne bestreichen. Fleisch, Frühlingszwiebeln, Tomaten, Austernpilze und Kresse darauf verteilen. Die Fladen aufrollen, schräg halbieren und servieren.

Wraps mit Lachs

Zubereitungszeit: 30 Min. | Pro Stück: E: 11 g, F: 18 g, Kh: 24 g, kJ: 1245, kcal: 298 | **Beliebt**

Tipp

Stellen Sie die Wraps zum Servieren in flache Gläser oder umwickeln Sie das untere Ende fest mit einer Papierserviette. Die Lachswraps nicht zu lange vor dem Verzehr vorbereiten, da sie sonst durchweichen.

8 Stück

je 1	*rote und gelbe Paprikaschote (je 200 g)*
250 g	*Rucola (Rauke)*
1 Kästchen	*Kresse*
8	*weiche Weizentortillas (Wraps)*
2 Becher (je 150 g)	*Crème fraîche*
2–3 EL	*Sahnemeerrettich*
	Salz
	frisch gemahlener Pfeffer
	Zucker
250 g	*Räucherlachs in Scheiben*

1 Paprikaschoten halbieren, entstielen, entkernen und die weißen Scheidewände entfernen. Schoten waschen, abtropfen lassen und in feine Streifen schneiden.

2 Rucola verlesen, waschen, trockenschleudern und dicke Stängel abschneiden. Kresse abspülen, trockentupfen und abschneiden. Tortillas nach Packungsanleitung im Backofen oder nacheinander in einer Pfanne ohne Fett von beiden Seiten kurz erwärmen.

3 Für die Sauce Crème fraîche mit Sahnemeerrettich verrühren, mit Salz, Pfeffer und Zucker würzen. Die Tortillas mit der Hälfte der Sauce bestreichen, Rucola und Kresse darauf verteilen. Jede Tortilla mit 1–2 Lachsscheiben belegen, die Paprikastreifen darauf legen und die restliche Sauce darauf verteilen. Die Tortillas fest aufrollen, mit einem scharfen Messer schräg halbieren und sofort servieren oder kurz kalt stellen.

Variante 1

Wraps mit Balkansalat:
8 Weizentortillas im Backofen oder nacheinander in einer heißen Pfanne ohne Fett beidseitig kurz erwärmen. ½ Eisbergsalat putzen, abspülen, abtropfen lassen und in Streifen schneiden. 1 Dose Gemüsemais (Abtropfgewicht 285 g) abtropfen lassen, 2 Zwiebeln abziehen und fein würfeln. 1 rote Paprikaschote halbieren, entstielen, entkernen, die weißen Scheidewände entfernen, Schote waschen, abtropfen lassen und in Streifen schneiden. 3 Schalen Balkansalat (je 200 g) mit Mais und Zwiebeln mischen. Tortillas mit etwas Eisbergsalat belegen, darauf den Balkansalat und die Paprikastreifen legen und fest aufrollen. Die Rollen evtl. schräg halbieren und servieren.

Variante 2

Wraps mit Geflügelsalat:
8 Weizentortillas im Backofen oder nacheinander in einer heißen Pfanne ohne Fett beidseitig kurz erwärmen. ½ Eisbergsalat putzen, abspülen, abtropfen lassen und in Streifen schneiden. 2 Birnen schälen, vierteln, entkernen und in dünne Spalten schneiden. Tortillas mit etwas Eisbergsalat, 3 Schalen Geflügelsalat (je 200 g) und Birnenstreifen belegen, mit Currypulver bestreuen und ebenfalls fest aufrollen. Die Rollen evtl. schräg halbieren und servieren.

Oliven mit Speck-Käse-Mantel

Zubereitungszeit: 30 Min. | Garzeit: etwa 6 Min. | Pro Stück: E: 3 g, F: 5 g, Kh: 1 g, kJ: 220, kcal: 53 | Raffiniert

24 Stück

24	große, grüne Oliven ohne Stein
24	abgezogene Mandeln
12	dünne Scheiben milder Schinkenspeck oder Bacon (Frühstücksspeck)
8	dünne Scheiben Edamer-Käse
1 TL	gerebelter Thymian
24	Holzspießchen

1 Jede Olive mit einer Mandel füllen. Speckscheiben längs halbieren und nebeneinander auf die Arbeitsfläche legen. Die Käsescheiben längs in Drittel schneiden und auf den Speck legen. Den Käse mit etwas Thymian bestreuen. Die Oliven darin einwickeln, mit Holzspießchen feststecken.

2 Die Oliven mit der Naht nach unten auf ein Backblech (mit Alufolie belegt) legen. Das Backblech in den vorgeheizten Backofen schieben.

Ober-/Unterhitze: etwa 220 °C
Heißluft: etwa 200 °C
Garzeit: etwa 6 Minuten.

3 Die Oliven noch warm servieren.

Tipp

Die Oliven können auch etwa 6 Minuten unter dem Grill knusprig gebraten werden.

Pflaumen im Speckmantel

Zubereitungszeit: 20 Min., ohne Marinierzeit | Pro Stück: E: 1 g, F: 1 g, Kh: 5 g, kJ: 156, kcal: 37 | Mit Alkohol

20 Stück

20	*große, entsteinte Backpflaumen*
5 EL	*Portwein*
10	*Scheiben Bacon (Frühstücksspeck)*
1–2 EL	*Olivenöl*

Außerdem:
Holzstäbchen

Tipp

Die Pflaumen zum Aperitif reichen. Die Pflaumen können auch im vorgeheizten Backofen bei Ober-/Unterhitze: etwa 200 °C, Heißluft: etwa 180 °C in etwa 3 Minuten überbacken werden.

Dekotipp

Ein Wasserglas oder eine Schale mit grobem Salz füllen. Die Pflaumen auf große Holzspieße stecken und ins Salz stecken.

1 Pflaumen in eine Schale legen und mit Portwein übergießen. Pflaumen darin mehrere Stunden marinieren.
2 Baconscheiben längs halbieren. Die Pflaumen aus der Marinade nehmen, etwas abtropfen lassen und jede Pflaume mit einer Baconscheibe umwickeln, mit Holzspießen feststecken.
3 Olivenöl in einer Pfanne erhitzen und die Pflaumen von allen Seiten darin anbraten, dann aus der Pfanne nehmen und erkalten lassen.

Datteln mit Käse im Schinkenmantel

Zubereitungszeit: 20 Min. | Pro Stück: E: 3 g, F: 3 g, Kh: 10 g, kJ: 322, kcal: 77 | Schnell

24 Stück

24	*frische Datteln*
100 g	*Manchego-Käse*
24	*abgezogene Mandeln*
12	*dünne Scheiben Serrano-Schinken*
8	*Kopfsalatblätter*

1 Datteln waschen, abtropfen lassen und die harte Schale abziehen. Die Früchte an der „Naht“ aufschlitzen und entkernen.
2 Käse in 24 Stifte schneiden, die der Länge der Dattelkerne entsprechen. Die Datteln jeweils mit einem Käsestift und je einer Mandel füllen.
3 Schinkenscheiben längs halbieren und die Datteln jeweils mit den Schinkenscheiben umwickeln.
4 Die Datteln mit der Nahtseite nach unten auf ein Backblech (mit Alufolie belegt) legen und in den vorgeheizten Backofen schieben.

Ober-/Unterhitze: etwa 240 °C
Heißluft: etwa 220 °C
Garzeit: etwa 6 Minuten.

5 Die Datteln vom Backblech nehmen und etwas abkühlen lassen. Salatblätter abspülen, trockentupfen und in Stücke zupfen, die Datteln darauf anrichten.

Gratinierte gefüllte **Tomaten**

Zubereitungszeit: 90 Min., ohne Auftauzeit | Gratinierzeit: 5–10 Min.
Pro Portion: E: 12 g, F: 21 g, Kh: 11 g, kJ: 1183, kcal: 283 | Vegetarisch

6 Stück

450 g	*TK-Blattspinat*
8	*Fleischtomaten (je etwa 150 g)*
1	*Zwiebel*
2	*Knoblauchzehen*
250 g	*Mozzarella-Käse*
75 g	*Kräuterbutter*
	Salz
	frisch gemahlener Pfeffer
1 Topf	*Petersilie*
50 g	*Semmelbrösel*
2 EL	*Olivenöl*

1. Für die Füllung Spinat nach Packungsanleitung auftauen lassen.
2. Von den Tomaten 6 besonders schöne Tomaten auswählen, waschen, einen Deckel abschneiden und die Tomaten aushöhlen. Restliche Tomaten waschen, abtropfen lassen, kreuzweise einschneiden und kurz in kochendes Wasser legen. Anschließend die Tomaten mit kaltem Wasser abschrecken, enthäuten, halbieren und die Stängelansätze herausschneiden. Fruchtfleisch würfeln.
3. Zwiebel und Knoblauch abziehen und fein würfeln. Mozzarella abtropfen lassen und ebenfalls würfeln. Die Hälfte der Kräuterbutter in einer großen Pfanne erhitzen, Zwiebel- und Knoblauchwürfel darin glasig dünsten. Spinat etwas abtropfen lassen und hinzufügen, kurz mitdünsten und kräftig mit Salz und Pfeffer würzen. Anschließend Tomaten- und Mozzarellawürfel vorsichtig unterheben.
4. Petersilie abspülen, abtropfen lassen und die Blättchen von den Stängeln zupfen. Blättchen fein hacken. Ausgehöhlte Tomaten innen mit Pfeffer bestreuen und mit der Spinatmasse füllen. Semmelbrösel mit Petersilie mischen und die gefüllten Tomaten damit bestreuen. Olivenöl darüber träufeln. Restliche Kräuterbutter in kleine Stücke schneiden und die Tomaten damit belegen.
5. Tomaten zum Gratinieren in eine große Auflaufform (gefettet) setzen. Die Form auf dem Rost in den vorgeheizten Backofen schieben.

Ober-/Unterhitze: etwa 200 °C
Heißluft: etwa 180 °C
Gratinierzeit: 5–10 Minuten.

Spätzle-Gemüse-Ragout in Fleischtomaten

Zubereitungszeit: 50 Min. | Garzeit: etwa 15 Min. | Pro Stück: E: 8 g, F: 12 g, Kh: 25 g, kJ: 993, kcal: 237 | Vegetarisch

8 Stück

8	*Fleischtomaten (je etwa 150 g)*

Für die Füllung:

1 Bund	*Suppengrün (Möhren, Sellerie, Porree)*
2 l	*Wasser*
2 gestr. TL	*Salz*
250 g	*Knöpfle-Spätzle (runde Spätzle)*
50 g	*Butter*
2 EL	*Rapsöl*
	Salz
	frisch gemahlener Pfeffer
	frisch geriebene Muskatnuss
80 g	*geriebener junger Gouda-Käse*
einige	*Kerbelstängel zum Garnieren*

1 Tomaten waschen und abtrocknen. Von den Tomaten jeweils einen Deckel abschneiden. Das Tomatenfleisch mit einem Teelöffel herauslösen, einen Rand stehen lassen.

2 Für die Füllung Suppengrün putzen, schälen, waschen und abtropfen lassen. Möhren, Sellerie und Porree in feine Streifen schneiden.

3 Wasser in einem großen Topf zugedeckt zum Kochen bringen. Dann Salz und Spätzle zugeben. Die Spätzle im geöffneten Topf bei mittlerer Hitze nach Packungsanleitung kochen lassen, dabei gelegentlich umrühren. Anschließend die Spätzle in ein Sieb geben, mit heißem Wasser abspülen und abtropfen lassen.

4 Butter und Öl in einer großen Pfanne erhitzen. Möhren-, Sellerie-, Porreestreifen darin andünsten. Spätzle und Tomatenfruchtfleisch untermengen, mit Salz, Pfeffer und Muskat würzen.

5 Die ausgehöhlten Tomaten mit dem Gemüseragout füllen und in eine große, flache Auflaufform (gefettet) setzen. Tomaten mit Käse bestreuen. Die Form auf dem Rost in den vorgeheizten Backofen schieben.

Ober-/Unterhitze: etwa 200 °C
Heißluft: etwa 180 °C
Garzeit: etwa 15 Minuten.

6 Kerbel abspülen und trockentupfen. Die Blättchen von den Stängeln zupfen. Die gefüllten Tomaten mit Kerbelblättchen garniert servieren.

Marinierte Melone mit Schafkäse (im Foto unten)

Zubereitungszeit: 25 Min. | Pro Portion: E: 9 g, F: 15 g, Kh: 6 g, kJ: 799, kcal: 191 | Leicht zuzubereiten

4 Portionen

800 g	*gut gekühlte Wassermelone*
200 g	*Schafkäse*
1	*Bio-Limette (unbehandelt, ungewachst)*
2	*Thymianstängel*
4 EL	*Olivenöl*
	Salz
	frisch gemahlener Pfeffer
	Holzspießchen

1. Von der Melone die Schale abschneiden. Das Fruchtfleisch erst in Scheiben, dann in mundgerechte Stücke schneiden. Schafkäse in gleich große Stücke (etwa 2 x 2 x 1 cm) schneiden.
2. Limette heiß abwaschen, abtrocknen und die Schale abreiben. Limette halbieren und den Saft auspressen. Thymian abspülen, trockentupfen und die Blättchen von den Stängeln zupfen. Blättchen fein hacken und mit der abgeriebenen Limettenschale vermischen.
3. Die Melonenstücke mit Limettensaft beträufeln und mit Salz und Pfeffer bestreuen. Je ein Schafkäsestück auf ein Melonenstück legen, mit einem Spieß feststecken, mit der Limettenschalen-Thymian-Mischung und Pfeffer bestreuen, mit Olivenöl beträufeln und servieren.

Auberginen mit Ricotta-Füllung (im Bild oben)

Zubereitungszeit: 30 Min. | Pro Portion: E: 2 g, F: 6 g, Kh: 3 g, kJ: 314, kcal: 75 | Einfach

10 Stück

1 EL	*Pinienkerne*
1 große	*Aubergine*
	Salz
3	*getrocknete Tomaten, in Öl eingelegt*
½ Topf	*Thymian*
120 g	*Ricotta (italienischer Frischkäse)*
1 EL	*Rosinen*
einige Spritzer	*Balsamico-Essig*
1 Prise	*Zucker*
	Salz
	frisch gemahlener Pfeffer
5–6 EL	*Olivenöl*

1. Pinienkerne in einer Pfanne ohne Fett goldbraun rösten, auf einen Teller geben und erkalten lassen.
2. Aubergine abspülen, trockentupfen und den Stängelansatz abschneiden. Aubergine längs in etwa ½ cm dicke Scheiben schneiden (evtl. mit einer Aufschnittmaschine). Auberginenscheiben mit Salz bestreuen, etwa 10 Minuten stehen lassen.
3. Tomaten abtropfen lassen und in kleine Stücke schneiden. Thymian abspülen, trockentupfen, einige Stängel zum Garnieren beiseite legen. Die Blättchen von den restlichen Stängeln zupfen. Blättchen fein hacken.
4. Ricotta mit Thymian, Tomatenstückchen und Rosinen verrühren, mit Essig, Zucker, Salz und Pfeffer abschmecken. Etwa die Hälfte der Pinienkerne unterrühren.
5. Auberginen trockentupfen. Etwas Olivenöl in einer großen Pfanne erhitzen. Die Auberginenscheiben portionsweise darin von beiden Seiten anbraten. Dann die Auberginenscheiben auf Küchenpapier legen, damit das Fett abtropfen kann.
6. Die Ricotta-Füllung auf den Scheiben verteilen. Die Auberginenscheiben aufrollen und mit kleinen Holzspießchen feststecken. Auberginenröllchen mit den beiseite gelegten Thymianstängeln garnieren und den restlichen Pinienkernen bestreuen.

Gefüllte **Champignonköpfe**

Zubereitungszeit: 60 Min. | Garzeit: etwa 15 Min. | Pro Stück: E: 7 g, F: 17 g, Kh: 2 g, kJ: 789, kcal: 189 | Vegetarisch

12 Stück

12	große weiße oder rosa Champignons (etwa 600 g)
1	Zwiebel
500 g	Mangold
70 g	Pinienkerne
2	Fleischtomaten (etwa 300 g)
2	Knoblauchzehen
100 ml	Rapsöl
40 g	Butter
	Salz
	frisch gemahlener Pfeffer
	frisch geriebene Muskatnuss
100 g	geriebener Parmesan-Käse

Tipp

Die Champignonköpfe als warme Vorspeise für 4–6 Personen oder als Beilage zu gebratenen Geflügelgerichten reichen.

1 Champignons putzen und mit Küchenpapier abreiben (nicht abspülen). Stiele herausdrehen und klein schneiden. Zwiebel abziehen und in kleine Würfel schneiden.

2 Mangold putzen (evtl. dabei die großen Blattstiele entfernen). Mangold gründlich waschen, abtropfen lassen und klein schneiden. Pinienkerne in einer Pfanne ohne Fett hellbraun rösten. Tomaten waschen, abtrocknen, vierteln und die Stängelansätze herausschneiden. Tomaten entkernen und in kleine Würfel schneiden. Knoblauch abziehen und durch eine Knoblauchpresse drücken.

3 Öl in einer Pfanne erhitzen. Knoblauch hinzufügen und die Champignonköpfe darin anbraten. Anschließend beiseite stellen.

4 Butter in einer großen Pfanne oder einem Topf zerlassen. Zwiebelwürfel darin glasig dünsten. Mangold und die klein geschnittenen Champignonstiele hinzugeben und etwa 5 Minuten mitdünsten, mit Salz, Pfeffer und Muskat würzen. Knoblauchöl (aus der Pfanne) unterrühren.

5 Die beiseite gestellten Champignonköpfe mit Salz und Pfeffer würzen und mit dem Gemüse füllen. Die gefüllten Champignonköpfe in eine flache Auflaufform (gefettet) setzen. Tomatenwürfel und Pinienkerne darauf verteilen. Käse darauf streuen. Die Form auf dem Rost in den vorgeheizten Backofen schieben.

Ober-/Unterhitze: etwa 200 °C
Heißluft: etwa 180 °C
Garzeit: etwa 15 Minuten.

Gefüllte Champignons mit Schinken

Zubereitungszeit: 45 Min. | Garzeit: 15–20 Min. | Pro Stück: E: 6 g, F: 9 g, Kh: 3 g, kJ: 498, kcal: 119 | Preiswert

12 Stück

12	*große weiße Champignons (etwa 800 g)*

Für die Füllung:

1	*Schalotte*
120 g	*Parmaschinken*
½ Bund	*glatte Petersilie*
3 Scheiben	*Toastbrot*
60 g	*Butter*
4 EL	*Olivenöl*
	Salz
	frisch gemahlener Pfeffer
20 g	*Butter*
1	*Ei (Größe M)*
2 EL	*Olivenöl*

Zum Garnieren:

2	*Tomaten*

1 Champignons putzen, mit Küchenpapier abreiben, evtl. abspülen und trockentupfen. Stiele herausdrehen und die Köpfe etwas aushöhlen. Stiele und ausgehöhltes Champignonfleisch in kleine Würfel schneiden.

2 Für die Füllung Schalotte abziehen und in kleine Würfel schneiden. Schinken in etwa 2 cm lange, feine Streifen schneiden. Petersilie abspülen und trockentupfen. Die Blättchen von den Stängeln zupfen. Blättchen fein hacken. Toastbrot entrinden und in kleine Würfel schneiden. Butter in einer Pfanne zerlassen. Toastwürfel unter Rühren darin goldgelb rösten und beiseite stellen.

3 Olivenöl in einer Pfanne erhitzen. Champignonköpfe hinzugeben und leicht anbraten, mit Salz und Pfeffer würzen. Champignonköpfe anschließend in eine flache Auflaufform (gefettet) legen.

4 Butter in einem Topf zerlassen. Champignon-, Schalottenwürfel und Schinkenstreifen darin andünsten. Petersilie, Toastbrotwürfel und Ei unterrühren, mit Salz und Pfeffer würzen.

5 Die Masse in den ausgehöhlten Champignons verteilen. Gefüllte Champignons mit Olivenöl beträufeln. Die Form auf dem Rost in den vorgeheizten Backofen schieben.

Ober-/Unterhitze: 180–200 °C
Heißluft: 160–180 °C
Garzeit: 15–20 Minuten.

6 Zum Garnieren Tomaten waschen, abtrocknen, halbieren und die Stängelansätze herausschneiden. Tomaten entkernen und fein würfeln. Die gefüllten Champigons mit Tomatenwürfeln garniert servieren.

Leber-Trauben-Spieße

Zubereitungszeit: 10 Min., ohne Marinierzeit | Pro Portion: E: 10 g, F: 3 g, Kh: 6 g, kJ: 384, kcal: 92 | Mit Alkohol

4 Spieße

200 g	*Kalbsleber, in Scheiben*
50 ml	*Marsala (ital. Dessertwein)*
2 EL	*Olivenöl*
	Salz
	frisch gemahlener Pfeffer
20	*grüne Weintrauben*
4	*Schaschlikspieße*
	rosa geschrotete Pfefferbeeren

1 Die Kalbsleber unter fließendem kalten Wasser abspülen, trockentupfen und in eine flache Schale legen. Leber mit Marsala begießen und etwa 1 Stunde kalt gestellt marinieren.

2 Öl in einer großen Pfanne erhitzen. Die Leberscheiben darin von beiden Seiten braten, mit Salz und Pfeffer würzen.

3 Trauben waschen und trockentupfen. Die Leberscheiben in 12 gleich große Stücke schneiden und abwechselnd mit den Trauben auf 4 Spieße stecken. Die Spieße mit geschroteten Pfefferbeeren bestreuen.

Tipp

Die Spieße mit frittierten Rucolablättern und mit einem Salat aus Rucola, Feldsalat oder Frisée und einem Balsamico-Dressing servieren. Dazu frisches Ciabatta- oder Weißbrot reichen.

Gebackene Polentastücke mit Schinken und Sardellen

Zubereitungszeit: 60 Min., ohne Abkühlzeit | Pro Portion: E: 17 g, F: 20 g, Kh: 26 g, kJ: 1492, kcal: 356 | **Etwas aufwändiger**

32 Stück (4–6 Portionen)

500 ml (1/2 l)	*Gemüsefond oder -brühe*
30 g	*Butter*
1/2 TL	*Salz*
150 g	*Maisgrieß für Polenta*

Für die Sauce:

600 g	*Tomaten*
1	*kleine Zwiebel*
1	*Knoblauchzehe*
1	*kleine Chilischote*
6 EL	*Olivenöl*
2 EL	*gehackte Kräuter, z. B. Petersilie, Salbei, Rosmarin*
250 g	*dünne luftgetrocknete Schinkenscheiben*
16	*Sardellenfilets*
	Salz
	frisch gemahlener Pfeffer
32	*Holzspießchen*

1 Gemüsefond, Butter und Salz in einem Topf zum Kochen bringen. Den Maisgrieß unter ständigem Rühren einrieseln lassen. Darauf achten, dass die Flüssigkeit ständig siedet, damit sich keine Klümpchen bilden.

2 Polenta bei schwacher Hitze weiter kochen lassen (etwa 20 Minuten) und dabei ständig rühren, bis sie sich vom Topfrand löst. Den fertigen Maisgrieß zu einer etwa 1 1/2 cm dicken Platte auf ein Backblech (mit Frischhaltefolie ausgelegt) streichen und erkalten lassen. Polenta in Rechtecke (etwa 3 x 2 cm) schneiden (ergibt etwa 32 Stücke).

3 Für die Sauce Tomaten abspülen, abtropfen lassen, kreuzweise einschneiden und kurz mit kochendem Wasser übergießen, mit kaltem Wasser abschrecken, abtropfen lassen und enthäuten. Tomaten halbieren, entkernen und die Stängelansätze herausschneiden. Kerne durch ein Sieb streichen, dabei den Saft auffangen. Das Tomatenfruchtfleisch in kleine Würfel schneiden.

4 Zwiebel und Knoblauch abziehen und fein würfeln. Chilischote entstielen, entkernen, abspülen, abtropfen lassen und in kleine Stücke schneiden. Olivenöl in einer Pfanne erhitzen. Die Zwiebel- und Knoblauchwürfel darin andünsten. Chilistückchen und Tomatenwürfel hinzufügen und kurz mitdünsten.

5 Aufgefangenen Tomatensaft unterrühren. Das Ganze bei mittlerer Hitze zugedeckt 10–15 Minuten schmoren lassen, dabei gelegentlich umrühren. Tomatensauce mit Salz und Pfeffer abschmecken. Kräuter unterrühren.

6 Die Schinkenscheiben längs in etwa 3 1/2 cm breite Streifen schneiden. Die Sardellenfilets unter fließendem kalten Wasser abspülen, trockentupfen und quer halbieren. Je ein Polentastück damit belegen und mit einem Schinkenstreifen umwickeln, mit Holzspießchen feststecken.

7 Polentastücke auf ein Backblech (mit Backpapier belegt) legen. Das Backblech in den vorgeheizten Backofen schieben.

Ober-/Unterhitze: etwa 220 °C
Heißluft: etwa 200 °C
Backzeit: 2–3 Minuten.

8 Gebackene Polentastücke mit etwas Tomatensauce auf Tellern anrichten, sofort servieren.

Tipp

Dazu frisches Baguette reichen. Gebackene Polenta nicht zu kalt werden lassen, sonst bekommt die Polenta eine harte Kruste.

Gefüllte Gemüsezwiebeln mit einem Pilzauflauf

Zubereitungszeit: 40 Min., ohne Abkühlzeit | Garzeit: etwa 45 Min.
Pro Stück: E: 11 g, F: 16 g, Kh: 9 g, kJ: 941, kcal: 225 | Für Gäste

8 Stück

4	*Gemüsezwiebeln (je 350–400 g)*
	Salzwasser
200 g	*rosé Champignons*
200 g	*Pfifferlinge*
100 g	*magerer roher Schinken*
½ Topf	*Thymian*
2 EL	*Rapsöl*
	Salz
	frisch gemahlener Pfeffer
2	*Eier*
125 g	*Schlagsahne*
2 EL	*Rapsöl*
80 g	*geriebener Emmentaler-Käse*

Tipp

Die gefüllten Zwiebeln mit Thymianstängeln garniert servieren.

1 Zwiebeln abziehen und die Wurzelenden gerade schneiden. Zwiebeln abspülen, trockentupfen und quer halbieren. Salzwasser in einem großen Topf zum Kochen bringen. Die Zwiebelhälften portionsweise hinzufügen und jeweils etwa 15 Minuten köcheln lassen. Zwiebelhälften in ein Sieb geben, mit kaltem Wasser abschrecken, gut abtropfen und abkühlen lassen. Zwiebelhälften bis auf 3 Schichten aushöhlen. Das Zwiebelinnere in kleine Würfel schneiden.

2 Champignons und Pfifferlinge putzen, mit Küchenpapier abreiben, evtl. abspülen und gut abtropfen lassen. Pilze in kleine Stücke schneiden. Schinken in kleine Würfel schneiden. Thymian abspülen und trockentupfen. Die Blättchen von den Stängeln zupfen.

3 Öl in einer großen Pfanne erhitzen. Schinken-, Zwiebelwürfel und Pilze darin andünsten. Thymianblättchen unterrühren, mit Salz und Pfeffer würzen.

4 Die ausgehöhlten Zwiebelhälften in eine große, flache Auflaufform (gefettet) setzen. Die Zwiebelhälften mit der Pilz-Zwiebel-Masse füllen. Eier mit Sahne verschlagen und darübergießen.

5 Die Form auf dem Rost in den vorgeheizten Backofen schieben.

Ober-/Unterhitze: 180–200 °C
Heißluft: 160–180 °C
Garzeit: etwa 45 Minuten.

6 Die gefüllten Zwiebelhälften nach etwa 30 Minuten Garzeit mit Käse bestreuen.

Bunte gefüllte **Zwiebeln**

Zubereitungszeit: 50 Min. | Garzeit: 15–20 Min. | Pro Stück: E: 6 g, F: 5 g, Kh: 3 g, kJ: 362, kcal: 86 | Raffiniert

12 Stück

4	*mittelgroße Zwiebeln*
4	*mittelgroße rote Zwiebeln*
4	*mittelgroße weiße Zwiebeln*
	Salzwasser

Für die Füllung:

100 g	*kleine weiße Champignons*
100 g	*kleine Pfifferlinge*
100 g	*Austernpilze*
100 g	*gekochter Schinken*
2 EL	*Rapsöl*
2 EL	*Balsamico-Essig*
200 ml	*Gemüsebrühe*
	Salz
	frisch gemahlener Pfeffer
	Knoblauchpulver
1 Bund	*Thymian*
120 g	*geriebener Emmentaler-Käse*

1. Die Zwiebeln abziehen. Salzwasser in einem Topf zum Kochen bringen. Die Zwiebeln etwa 5 Minuten darin köcheln lassen. Anschließend in ein Sieb geben, mit kaltem Wasser abschrecken und abtropfen lassen.
2. Für die Füllung Champignons, Pfifferlinge und Austernpilze putzen, mit Küchenpapier abreiben, evtl. abspülen und abtropfen lassen. Pilze in kleine Stücke schneiden. Schinken in Würfel schneiden.
3. Von den Zwiebeln mit einem scharfen Messer waagerecht einen Deckel abschneiden. Zwiebeln bis auf 2 Schichten aushöhlen. Das Zwiebelinnere und die Deckel in kleine Würfel schneiden.
4. Rapsöl in einer Pfanne erhitzen. Zwiebelwürfel darin andünsten. Pilzstücke mit den Schinkenwürfeln hinzugeben und mit andünsten. Essig und Brühe hinzugießen, unterrühren und etwas einkochen lassen, mit Salz, Pfeffer und Knoblauch würzen. Thymian abspülen und trockentupfen (einige Stängel zum Garnieren beiseite legen). Die Blättchen von den Stängeln zupfen. Blättchen unter das Ragout rühren.
5. Die ausgehöhlten Zwiebeln mit dem Pilzragout füllen und in eine flache Auflaufform (gefettet) setzen. Käse darauf streuen. Die Form auf dem Rost in den vorgeheizten Backofen schieben.

Ober-/Unterhitze: etwa 200 °C
Heißluft: etwa 180 °C
Garzeit: 15–20 Minuten.

6. Die gefüllten Zwiebeln mit den beiseite gelegten Thymianstängeln garniert servieren.

Tipp

Die gefüllten Zwiebeln als Beilage zu kurz gebratenem oder geschmortem Wildfleisch reichen.

Gemischte **Vorspeisenspieße**

Zubereitungszeit: 70 Min. | Pro Stück: E: 3 g, F: 7 g, Kh: 14 g, kJ: 561, kcal: 134 | Mit Alkohol

12 Stück

300 g	kleine Schalotten
	Salzwasser
20 g	Butter oder Margarine
1 gestr. EL	Zucker
150 ml	trockener Rotwein
2	mittelgroße Zucchini (etwa 400 g)
	Salzwasser
250 g	Cocktailtomaten
150 g	Ziegenfrischkäse
20 g	weiche Butter
1 EL	Schnittlauchröllchen
1–2 EL	Balsamico-Essig
3 EL	Olivenöl
	Salz
	frisch gemahlener Pfeffer
1	Ciabatta-Brot
1	Knoblauchzehe
1 EL	Olivenöl
12	Holzspieße

1 Schalotten abziehen. Salzwasser zum Kochen bringen und die Schalotten darin etwa 5 Minuten kochen. Dann in ein Sieb geben, mit kaltem Wasser abschrecken und abtropfen lassen.
2 In einer Pfanne Butter oder Margarine zerlassen. Schalotten darin andünsten, mit Zucker bestreuen und leicht karamellisieren lassen. Rotwein hinzugießen und etwas einkochen lassen. Schalotten im Rotweinsud erkalten lassen.
3 Zucchini waschen, abtrocknen und die Enden abschneiden. Zucchini mit der Aufschnittmaschine oder dem Gemüsehobel in dünne Längsscheiben schneiden. Salzwasser zum Kochen bringen und die Zucchinischeiben darin blanchieren. Zucchinischeiben mit kaltem Wasser abschrecken und abtropfen lassen.
4 Tomaten waschen und trockentupfen. Von jeder Tomate einen Deckel abschneiden und mit einem Teelöffel oder einem Löffelstiel vorsichtig aushöhlen.
5 Ziegenkäse mit der Butter verrühren, Schnittlauchröllchen unterrühren. Die ausgehöhlten Tomaten mit der Käsemischung füllen und mit Salz und Pfeffer bestreuen.
6 Zucchinischeiben in eine Schale legen, mit Salz und Pfeffer bestreuen und mit Essig und Olivenöl beträufeln.
7 Knoblauch abziehen, fein würfeln und mit Olivenöl mischen. Ciabatta in Scheiben schneiden, mit dem Knoblauchöl bepinseln und in einer beschichteten Pfanne von beiden Seiten anrösten.
8 Aus den Zucchinischeiben Röllchen drehen, mit den Tomaten und Schalotten auf Holzspieße stecken. Dazu geröstetes Brot reichen.

Mozzarellaspieße

› Min. | Pro Stück: E: 7 g, F: 14 g, Kh: 2 g, kJ: 686, kcal: 164 | **Einfach**

2 Spieße

› 1 gelbe und rote Paprikaschote
Zucchini (etwa 250 g)
›6–48 kleine Mozzarella-Kugeln
24 grüne, mit Mandeln gefüllte Jumbo-Oliven

12 Holzspieße

Zum Bestreuen und Beträufeln:
1 Topf Basilikum
frisch gemahlener bunter Pfeffer
150 ml Olivenöl

1. Paprikaschoten halbieren, entstielen, entkernen und die weißen Scheidewände entfernen. Schoten waschen, abtropfen lassen und jeweils in 12 mundgerechte Stücke schneiden. Zucchini waschen, abtrocknen und die Enden abschneiden. Zucchini in etwa 1 cm breite Scheiben schneiden.
2. Mozzarella-Kugeln, Oliven, Zucchinischeiben und Paprikastücke in bunter Reihenfolge auf 12 Holzspieße aufstecken. Auf jedem Spieß sollten 3–4 Mozzarella-Kugeln, 2 Oliven und 2 Paprikastückchen sein.
3. Basilikum abspülen, trockentupfen und die Blättchen von den Stängeln zupfen. Spieße in eine Schale legen, mit Pfeffer bestreuen, mit Basilikumblättchen garnieren und mit Olivenöl beträufeln.

Garnelen-Gemüse-Röllchen

Zubereitungszeit: 20 Min., ohne Marinierzeit | Pro Stück: E: 3 g, F: 1 g, Kh: 1 g, kJ: 87, kcal: 21 | Raffiniert

16 Stück

16	*frische oder TK-Riesengarnelen (ohne Schale)*

Für die Marinade:

2	*Knoblauchzehen*
1	*kleine, rote Peperoni*
2 EL	*Zitronensaft*
	Salz
	frisch gemahlener Pfeffer
3 EL	*Olivenöl*
1	*Zucchini*
½	*Aubergine*
2 EL	*Olivenöl*
16	*Holzspießchen*

1 Von den Riesengarnelen (tiefgekühlte Garnelen vorher auftauen lassen) den Darm entfernen, die Garnelen unter fließendem kalten Wasser abspülen und trockentupfen.

2 Für die Marinade Knoblauch abziehen und zerdrücken. Peperoni halbieren, entstielen, entkernen, waschen, abtropfen lassen und in feine Würfel schneiden. Knoblauch und Peperoniwürfel mit Zitronensaft, Salz, Pfeffer und Olivenöl verrühren.

3 Die Riesengarnelen mit der Marinade vermischen und kalt gestellt etwa 30 Minuten durchziehen lassen.

4 Zucchini und Aubergine waschen, abtrocknen und die Enden abschneiden. Von der Zucchini und der Aubergine längs jeweils 8 dünne Scheiben abschneiden.

5 Die Garnelen aus der Marinade nehmen und trockentupfen. Jeweils 1 Garnele auf einen Gemüsestreifen legen, zusammenrollen und mit einem Holzspießchen feststecken.

6 Die Garnelen-Gemüse-Röllchen mit Olivenöl bestreichen, mit Salz und Pfeffer würzen und auf einem Backblech (gefettet) unter den vorgeheizten Backofengrill (etwa 240 °C) schieben. Die Röllchen etwa 6 Minuten grillen, dabei einmal wenden.

Tipp

Die Reste der Zucchini und der Auberginen auch in Scheiben schneiden und in Olivenöl mit einer fein gehackten Knoblauchzehe anbraten, mit Salz und Pfeffer würzen und mit einigen Spritzern Aceto Balsamico beträufeln.

Garnelen am Spieß

Zubereitungszeit: 80 Min., ohne Auftau- und Durchziehzeit | Grillzeit: 8–10 Min.
Pro Spieß: E: 18 g, F: 44 g, Kh: 8 g, kJ: 2062, kcal: 493 | Einfach

5 Spieße

25	*TK-Garnelen ohne Schale, mittlere Größe*
5	*kleine Schalotten*
10	*Frühlingszwiebeln*
15	*Scheiben Bacon (Frühstücksspeck)*
	frisch gemahlener grober Pfeffer
6 EL	*Olivenöl*

Für den Dip:

200 g	*Mayonnaise*
1 EL	*mittelscharfer Senf*
	Salz
	frisch gemahlener Pfeffer
3	*Knoblauchzehen*

Außerdem:

5	*Holz- oder Metallspieße*

1. Garnelen nach Packungsanleitung auftauen lassen, evtl. den Darm entfernen. Garnelen abspülen und trockentupfen.
2. Schalotten abziehen und längs halbieren. Frühlingszwiebeln putzen, waschen, abtropfen lassen und den weißen Teil abschneiden. Diesen in etwa 3 cm lange Stücke schneiden. Den grünen Teil der Frühlingszwiebeln in dünne Ringe schneiden und beiseite stellen.
3. Bacon zu Röllchen aufrollen. Abwechselnd Garnelen, Schalotten, Frühlingszwiebelstücke und Baconröllchen auf Holz- oder Metallspieße stecken (je Spieß 5 Garnelen, 2 halbe Schalotten, 3 Zwiebelstückchen, 3 Baconröllchen).
4. Die Spieße in eine Schale legen, mit Pfeffer würzen und mit Öl beträufeln.
5. Für den Dip Mayonnaise mit Senf verrühren, mit Salz und Pfeffer würzen. Knoblauch abziehen und durch eine Knoblauchpresse drücken. Knoblauch und beiseite gestellte Frühlingszwiebelringe unterrühren.
6. Die Garnelenspieße auf ein Backblech (gefettet) legen und das Backblech unter den vorgeheizten Backofengrill (etwa 240 °C) schieben. Die Spieße 8–10 Minuten grillen, dabei einmal wenden.
7. Die Garnelenspieße mit dem Dip servieren.

Salate, Carpaccio und Co.

Seite 40 – 69

Angemachte Schmeicheleien – aber keine Angeber

Gemüse-Carpaccio
Austernpilz-Avocado-Carpaccio
Kichererbsen-Sprossen-Salat mit
  Passionsfruchtsaft-Vinaigrette
Radieschen-Tunfisch-Salat
Aufschnitt in Radieschen-Vinaigrette
Olivencocktail
Auberginensalat
Französisches Landbrot mit Lachstatar
Knoblauchschnittchen mit Garnelen
Blumenkohl-Kichererbsen-Salat
  mit gehackten Garnelen
Marinierter Blumenkohl mit Räucherlachs
Gemüse-Eier-Sülze im Glas
Radieschensülze
Kichererbsensalat
Paprikasalat mit Schafkäse
Linsensalat mit gebratener Blutwurst
Peccorino-Carpaccio mit Rucola, Thymian und Chili
Carpaccio von Manchego-Käse mit Paprika
Heringsfilet mit Eiern und Curry
Matjesheringe mit Orangen
Salat von Artischocken, Saubohnen und Tomaten
  mit Kapern-Vinaigrette
Belegte Baguettescheiben
Putenbrust-Baguette-Schnittchen
Tomaten-Zucchini-Carpaccio mit Ricotta
Tomaten-Avocado-Tatar mit Garnelen

Gemüse-Carpaccio

Zubereitungszeit: 40 Min. | Pro Portion: E: 23 g, F: 18 g, Kh: 33 g, kJ: 1678, kcal: 404 | Vegetarisch

6 Portionen

Für das Gemüse:

150 g	*Möhren*
750 g	*grüner Spargel*
1/2 Bund	*Frühlingszwiebeln*
200 g	*Zuckerschoten*
	Salzwasser
	Salz
250 g	*mittelgroße Tomaten*
1/2 Topf	*Kerbel*
1/2 Bund	*glatte Petersilie*

Für das Dressing:

2	*Schalotten*
50 ml	*Balsamico-Bianco*
3 EL	*Orangensaft*
1–2 EL	*flüssiger Honig*
	Salz
	frisch gemahlener Pfeffer
100 ml	*Traubenkernöl oder Nussöl*

1. Für das Gemüse Möhren putzen, schälen, abspülen und abtropfen lassen. Von dem grünen Spargel das untere Drittel schälen und die Enden abschneiden. Spargel waschen und abtropfen lassen. Möhren längs in dünne Scheiben schneiden. Spargel längs halbieren.
2. Frühlingszwiebeln putzen, waschen, abtropfen lassen und in sehr dünne Ringe schneiden. Zuckerschoten putzen, evtl. abfädeln und waschen. Salzwasser zum Kochen bringen und die Zuckerschoten darin 2–3 Minuten garen. Zuckerschoten in ein Sieb geben, mit kaltem Wasser abschrecken und abtropfen lassen.
3. Tomaten waschen, kreuzweise einschneiden, kurz in kochendes Wasser legen, herausnehmen und mit kaltem Wasser abschrecken. Tomaten enthäuten, vierteln, entkernen und die Stängelansätze herausschneiden. Tomaten in Spalten schneiden.
4. Kräuter abspülen, trockentupfen und die Blättchen von den Stängeln zupfen. Etwa die Hälfte der Blättchen fein schneiden. Restliche Kräuterblättchen zum Garnieren beiseite legen. Zuckerschoten schräg halbieren.
5. Für das Dressing Schalotten abziehen und fein würfeln. Essig mit Orangensaft und Honig verrühren, mit Salz und Pfeffer würzen. Öl unterschlagen. Schalotten und Kräuter unterrühren.
6. Spargel, Möhren, Zuckerschoten und Frühlingszwiebeln auf einer großen Platte anrichten und mit etwa zwei Dritteln des Dressings beträufeln. Tomatenspalten darauf verteilen. Gemüse-Carpaccio mit den beiseite gelegten Kräuterblättchen garnieren und restliches Dressing dazureichen.

Tipp

Nach Belieben können Sie auch die Möhrenscheiben, den Spargel und die Frühlingszwiebelringe kurz blanchieren.

Austernpilz-Avocado-Carpaccio

Zubereitungszeit: 30 Min. | Pro Portion: E: 8 g, F: 39 g, Kh: 5 g, kJ: 1661, kcal: 397 | **Vegetarisch - einfach**

4 Portionen

50 g	*Pinienkerne*
3	*Tomaten*
	Saft von
½	*Limette*
	Salz
	frisch gemahlener Pfeffer
3 EL	*Olivenöl*
2	*reife Avocados*
1	*Zwiebel*
1	*Knoblauchzehe*
400 g	*Austernsaitlinge (Austernpilze)*
2 EL	*Olivenöl*
½ Topf	*Basilikum*

1 Pinienkerne in einer Pfanne ohne Fett anrösten und auf einem Teller erkalten lassen. Tomaten waschen, halbieren und die Stängelansätze herausschneiden. Tomaten fein würfeln. Tomatenwürfel mit Limettensaft verrühren, mit Salz und Pfeffer würzen, Öl unterrühren.

2 Avocados halbieren, entsteinen, schälen und das Fruchtfleisch in feine Spalten schneiden. Einen großen Teller fächerförmig damit auslegen und die Spalten sofort mit der Tomaten-Vinaigrette beträufeln.

3 Zwiebel und Knoblauch abziehen und fein hacken. Austernsaitlinge putzen, evtl. mit Küchenpapier abreiben. Große Pilze evtl. halbieren oder vierteln.

4 Öl in der Pfanne erhitzen. Zwiebeln und Knoblauch darin andünsten. Pilze portionsweise darin anbraten, mit Salz und Pfeffer würzen und dann auf den Avocadospalten anrichten. Basilikum abspülen, trockentupfen und die Blättchen abzupfen. Carpaccio mit Basilikum und den angerösteten Pinienkernen anrichten.

Kichererbsen-Sprossen-Salat
mit Passionsfruchtsaft-Vinaigrette

Zubereitungszeit: 40 Min. | E: 18 g, F: 21 g, Kh: 17 g, kJ: 1383, kcal: 331 | Einfach

4–6 Portionen

Für die Vinaigrette:

1	*Bio-Limette (unbehandelt, ungewachst)*
1	*Vanilleschote*
100 ml	*Passionsfruchtsaft*
1 TL	*Zucker oder Honig*
	Salz
1/4 TL	*Cayennepfeffer*
50 ml	*Olivenöl*
1 kleine Dose	*Kichererbsen (Abtropfgewicht 240 g)*
500 g	*Sojasprossen*
	Wasser
18	*rohe Garnelen, ohne Kopf, mit Schale*
1	*kleine Chilischote*
5	*Rosmarizweige*
2	*Knoblauchzehen*
4 EL	*Olivenöl*
	Salz
	frisch gemahlener Pfeffer

1 Für die Vinaigrette Limette heiß abwaschen, abtrocknen und die Schale abreiben. Vanilleschote längs aufschneiden und das Mark herausschaben. Passionsfruchtsaft mit Limettenschale, Vanillemark, Zucker oder Honig verrühren, mit Salz und Cayennepfeffer abschmecken. Olivenöl nach und nach unterrühren.

2 Die Kichererbsen in ein Sieb geben und kurz mit warmem Wasser abspülen. Die Sprossen in ein Sieb geben, mit Wasser abspülen und abtropfen lassen.

3 Wasser in einem Topf zum Kochen bringen. Die Sojasprossen darin kurz blanchieren, dann mit kaltem Wasser abschrecken, abtropfen lassen und noch warm mit den Kichererbsen und der Vinaigrette vermischen.

4 Garnelen schälen, entdarmen, unter fließendem kalten Wasser abspülen und trockentupfen. Chilischote entstielen, entkernen, abspülen, abtropfen lassen und in feine Ringe schneiden. Rosmarin abspülen, trockentupfen und die Nadeln von den Zweigen zupfen. Einige Nadeln zum Garnieren beiseite legen. Restliche Nadeln fein hacken. Knoblauch abziehen und fein würfeln.

5 Chili, Rosmarin und Knoblauch mit Olivenöl verrühren, mit Salz und Pfeffer würzen. Die Garnelen mit der Marinade begießen.

6 Eine Pfanne vorsichtig erwärmen. Die Garnelen mit der Marinade in die Pfanne geben und die Garnelen anbraten. Kichererbsen-Sprossen-Salat mit den gebratenen Garnelen anrichten und mit den beiseite gelegten Rosmarinnadeln garnieren.

Tipp

Statt Passionsfruchtsaft kann auch Maracujasaft verwendet werden. Nach Belieben den Salat mit zwei Esslöffeln frisch gezupften Rosmarinblüten garnieren.

Radieschen-Tunfisch-Salat

Zubereitungszeit: 30 Min. | Pro Portion: E: 24 g, F: 25 g, Kh: 4 g, kJ: 1415, kcal: 338 | Einfach

6 Portionen

4 Bund	*Radieschen (je etwa 200 g)*
3 Dosen	*Tunfisch, naturell (Abtropfgewicht je 215 g)*
	Salz
	frisch gemahlener Pfeffer
1 Bund	*Frühlingszwiebeln*
1–2 EL	*Apfelessig*
5–6 EL	*Olivenöl*

1 Radieschen putzen, Grün und Wurzelenden abschneiden. Radieschen waschen, trockentupfen, in feine Stifte schneiden und in eine Schüssel geben. Tunfisch abtropfen lassen, mit einer Gabel zerpflücken und zu den Radieschenstiften geben. Tunfisch und Radieschenstifte vorsichtig vermischen, mit Salz und Pfeffer würzen.

2 Frühlingszwiebeln putzen, waschen, abtropfen lassen und in Ringe schneiden. Frühlingszwiebelringe auf dem Salat verteilen. Essig mit Olivenöl verrühren und den Salat damit beträufeln.

Beilage

Frisches Baguette.

Aufschnitt in Radieschen-Vinaigrette

Zubereitungszeit: 30 Min. | Pro Portion: E: 29 g, F: 26 g, Kh: 1 g, kJ: 1467, kcal: 350 | Einfach – schnell

Tipp

Statt Rinder- und Schweinebraten-aufschnitt eignet sich auch Kalb- oder Geflügelfleischaufschnitt.

Beilage

Vollkornbaguette.

4–6 Portionen

1 Bund	*Radieschen (etwa 200 g)*
2 Pck.	*Gartenkresse*
1 EL	*mittelscharfer Senf*
3 EL	*milder Weißweinessig*
	Salz
	frisch gemahlener Pfeffer
8 EL	*Olivenöl*
1 Bund	*Schnittlauch*
250 g	*Rinderbratenaufschnitt*
250 g	*Schweinebratenaufschnitt*

1 Radieschen putzen, Grün und Wurzelenden abschneiden. Radieschen waschen, abtropfen lassen, fein hacken und in eine Schüssel geben.

2 Kresse abspülen, trockentupfen und abschneiden. Senf mit Essig verrühren, die Hälfte der Kresse unterrühren, mit Salz und Pfeffer würzen. Öl unterrühren. Vinaigrette mit gehackten Radieschen verrühren.

3 Schnittlauch abspülen, trockentupfen und in kleine Röllchen schneiden. Bratenaufschnitt auf einer großen Platte anrichten und mit der Radieschen-Vinaigrette beträufeln. Schnittlauchröllchen und restliche Kresse darauf streuen.

Olivencocktail

Zubereitungszeit: 20 Min. | Pro Portion: E: 12 g, F: 28 g, Kh: 3 g, kJ: 1327, kcal: 317 | Schnell

4 Portionen

100 g	frische Champignons
1–2 EL	Zitronensaft
150 g	Gouda-Käse
1 Glas	Spargelspitzen (Abtropfgewicht 175 g)
100 g	schwarze Oliven ohne Stein

Für die Sauce:

1 EL	Weißweinessig
1 TL	mittelscharfer Senf
4 EL	Schlagsahne
2 EL	Olivenöl
2 EL	gemischte, gehackte Kräuter, z. B. Petersilie, Dill, Schnittlauch
	Salz
	frisch gemahlener Pfeffer
etwa 8	Kopfsalatblätter

1 Champignons putzen, mit Küchenpapier abreiben, evtl. abspülen und gut abtropfen lassen. Champignons in Scheiben schneiden und mit Zitronensaft beträufeln.
2 Den Käse in kleine feine Stifte schneiden. Spargelspitzen in einem Sieb abtropfen lassen. Oliven mit Champignons, Käse und Spargelspitzen vermischen.
3 Für die Sauce Essig mit Senf und Sahne verrühren. Kräuter unterrühren, mit Salz und Pfeffer abschmecken. Salatblätter abspülen, trockentupfen und etwas kleiner zupfen.
4 Vier Gläser mit den Salatblättern auslegen. Olivenmischung hineingeben und mit der Sauce beträufeln.

Tipp

Man kann auch Tiefkühlkräuter verwenden.

Auberginensalat

Zubereitungszeit: 20 Min. | Backzeit: etwa 15 Min. | Pro Portion: E: 10 g, F: 57 g, Kh: 10 g, kJ: 2454, kcal: 586 | Raffiniert

4 Portionen

2	*Auberginen (400–500 g)*
8 EL	*Olivenöl*
2	*Weiß- oder Toastbrotscheiben*
2 EL	*Schlagsahne*
2	*Knoblauchzehen*
2–3 EL	*Zitronensaft*
2 EL	*geriebene Mandeln*
2 EL	*frisch geriebener Parmesan-Käse*
100 ml	*Olivenöl*
	Salz
	frisch gemahlener Pfeffer
1	*grüne Paprikaschote*
1	*Tomate*
2	*hart gekochte Eier*

1 Auberginen abspülen, abtrocknen und die Stängelansätze abschneiden. Auberginen längs halbieren, das Fruchtfleisch kreuzweise einschneiden und mit Olivenöl beträufeln.

2 Auberginenhälften mit der Haut nach unten auf ein Backblech (gefettet) legen. Das Backblech in den vorgeheizten Backofen schieben.

Ober-/Unterhitze: etwa 220 °C
Heißluft: etwa 200 °C
Backzeit: etwa 15 Minuten.
(Das Fruchtfleisch muss weich und zart sein.)

3 Weiß- oder Toastbrot entrinden, mit der Sahne einweichen. Die gebackenen Auberginen enthäuten. Fruchtfleisch zerdrücken. Knoblauch abziehen und durch eine Knoblauchpresse drücken.

4 Eingeweichtes Brot mit Fruchtfleisch und Knoblauch vermischen. Zitronensaft mit Mandeln, Parmesan und Olivenöl kräftig verrühren, mit Salz und Pfeffer abschmecken und kalt stellen.

5 Paprikaschoten halbieren, entstielen, entkernen und die weißen Scheidewände entfernen. Schoten waschen, abtropfen lassen und in Streifen schneiden. Tomate waschen, abtrocknen, halbieren, entkernen und den Stängelansatz herausschneiden. Tomate in Würfel schneiden. Eier schälen und vierteln.

6 Auberginensalat mit Paprikastreifen, Tomatenwürfeln und Eiervierteln garniert servieren.

Tipp

Wer möchte, kann den Auberginensalat auch zu einer cremigen Masse pürieren. Dann schmeckt er auch lecker als vegetarischer Brotaufstrich. Das Aubergienenpüree ist in einem verschlossenen Gefäß und mit etwas Olivenöl bedeckt 3–4 Tage im Kühlschrank haltbar.

Französisches Landbrot mit Lachstatar

Zubereitungszeit: 20 Min. | Pro Stück: E: 8 g, F: 12 g, Kh: 16 g, kJ: 870, kcal: 208 | Raffiniert

10 Stück

5 Scheiben	*Französisches Landbrot*
oder	
10 Scheiben	*Ciabatta-Brot*
8 EL	*Olivenöl*
2	*Frühlingszwiebeln*
250 g	*geräucherter Lachs*
1 EL	*Olivenöl*
einige Tropfen	*Zitronensaft*
	frisch gemahlener Pfeffer
100 g	*Doppelrahm-Frischkäse*
2–3 EL	*Milch*
1–2	*Dillstängel*

1. Landbrotscheiben halbieren. Olivenöl in einer großen Pfanne erhitzen. Die Brotscheiben in 2 Portionen darin von beiden Seiten knusprig braten.
2. Frühlingszwiebeln putzen, waschen, abtropfen lassen und in feine Ringe schneiden. Lachs in kleine Würfel schneiden.
3. Lachswürfel mit Frühlingszwiebelringen mischen. Olivenöl unterrühren, mit Zitronensaft und Pfeffer abschmecken.
4. Lachstatar auf den Brotscheiben verteilen und mit einer Gabel etwas andrücken. Frischkäse mit Milch verrühren und kleine Tupfen auf den Tatarbelag setzen.
5. Dill abspülen und trockentupfen. Die Spitzen von den Stängeln zupfen. Die Schnittchen damit garnieren.

Knoblauchschnittchen mit Garnelen

Zubereitungszeit: 20 Min. | Pro Stück: E: 3 g, F: 18 g, Kh: 11 g, kJ: 909, kcal: 217 | Leicht

10 Stück

1	*Bio-Limette (unbehandelt, ungewachst)*
1 Bund	*Petersilie*
3	*Knoblauchzehen*
140 g	*Mayonnaise*
1	*kleines Baguette (etwa 400 g)*
6 EL	*Speiseöl, z. B. Rapsöl*
10	*große gegarte Garnelen, in Knoblauch eingelegt*
10	*kleine Salatblätter, z. B. Kopfsalat*

1. Limette heiß waschen, abtrocknen und halbieren. Eine Hälfte in 5 Scheiben schneiden, diese nochmals halbieren und zum Garnieren beiseite legen. Zweite Limettenhälfte auspressen.
2. Petersilie abspülen und trockentupfen. Die Blättchen von den Stängeln zupfen und fein hacken. Knoblauch abziehen. Eine Zehe in feine Würfel schneiden und mit Mayonnaise, Limettensaft und Petersilie verrühren.
3. Restliche Knoblauchzehen in dünne Scheiben schneiden. Öl mit den Knoblauchscheiben in einer Pfanne erhitzen und die Baguettescheiben, evtl. portionsweise, darin von beiden Seiten knusprig braten.
4. Garnelen abtropfen lassen. Salatblätter waschen und trockentupfen. Jedes Knoblauchschnittchen mit einem Salatblatt belegen. Darauf die Mayonnaisemischung geben und die Knoblauchgarnelen darauf legen.
5. Knoblauchschnittchen mit den beiseite gelegten Limettenscheiben garniert servieren.

Tipp

Frische Garnelen selbst in Knoblauchöl braten.

Marinierter Blumenkohl mit Räucherlachs (Foto)

Zubereitungszeit: 30 Min., ohne Marinierzeit | Pro Portion: E: 14 g, F: 34 g, Kh: 3 g, kJ: 1564, kcal: 373 | Raffiniert

4 Portionen

1 kleiner	*Blumenkohl*
	Salzwasser
2 EL	*Crème fraîche*
1 EL	*Honig*
50 ml	*weißer Balsamico-Essig*
100 ml	*Sonnenblumenöl*
	Salz, Pfeffer
30 g	*Kapuzinerkresseblätter*
oder	
2 Kästchen	*Kresse*
80 ml	*Olivenöl*
1 Spritzer	*Zitronensaft*
250 g	*Räucherlachs in Scheiben*
8	*Kapuzinerkresseblüten*

1 Blumenkohl putzen, in kleine Röschen teilen, waschen und abtropfen lassen. Salzwasser in einem Topf zum Kochen bringen. Die Blumenkohlröschen hinzufügen, wieder zum Kochen bringen und etwa 5 Minuten kochen lassen. Röschen in ein Sieb geben, mit kaltem Wasser abschrecken und abtropfen lassen.

2 Crème fraîche, Honig und Essig in einer Rührschüssel mit Handrührgerät mit Rührbesen oder einem Schneebesen aufschlagen. Öl nach und nach darunter schlagen. Marinade mit Salz und Pfeffer abschmecken, die Blumenkohlröschen damit begießen. Blumenkohl kalt gestellt 30–60 Minuten marinieren.

3 Kapuzinerkresseblätter oder Kresse abspülen, trockentupfen. Kresse abschneiden. Kapuzinerkresseblätter oder Kresse mit Olivenöl fein pürieren, mit Salz und Zitronensaft abschmecken.

4 Marinierten Blumenkohl etwas abtropfen lassen, mit den Räucherlachsscheiben anrichten, mit den Kapuzinerblüten garnieren und mit Kapuzinerkresse- bzw. Kresseöl beträufeln.

Blumenkohl-Kichererbsen-Salat mit gehackten Garnelen

Zubereitungszeit: 30 Min., ohne Durchziehzeit | Pro Portion: E: 15 g, F: 11 g, Kh: 14 g, kJ: 931, kcal: 223 | Einfach

4–6 Portionen

2 TL	*Sesamsamen*
1 Dose	*Kichererbsen (Abtropfgewicht 240 g)*
1 kleiner	*Blumenkohl*
	Salzwasser

Für das Dressing:

1	*Bio-Zitrone (unbehandelt, ungewachst)*
1 EL	*Honig*
1 TL	*Sambal Oelek*
2 Msp.	*gemahlener Kreuzkümmel*
	Salz, Pfeffer
3 EL	*Olivenöl*
1 EL	*Sesamöl*
250 g	*gegarte Garnelen ohne Schale*
1–2 TL	*grob gehackte Korianderblätter*

1 Sesam in einer Pfanne ohne Fett anrösten, dann auf einem Teller erkalten lassen. Kichererbsen in ein Sieb geben, kurz abspülen und gut abtropfen lassen.

2 Blumenkohl putzen, in kleine Röschen teilen, waschen und abtropfen lassen. Salzwasser in einem Topf zum Kochen bringen, Blumenkohlröschen hinzufügen, wieder zum Kochen bringen und etwa 5 Minuten kochen.

3 Für das Dressing in der Zwischenzeit Zitrone heiß abwaschen, abtrocknen und die Schale abreiben. Zitrone halbieren und auspressen. Zitronensaft und -schale mit Honig und Sambal Oelek verrühren. Sesam unterrühren, mit Kreuzkümmel, Salz und Pfeffer würzen. Beide Ölsorten unterrühren.

4 Blumenkohl in ein Sieb geben, mit kaltem Wasser abschrecken und abtropfen lassen. Das Dressing mit dem noch warmen Blumenkohl vermischen. Garnelen grob hacken und zusammen mit den Kichererbsen unterrühren. Salat kurz durchziehen lassen und mit den Korianderblättchen bestreut servieren.

Tipp

Dazu noch warmes Fladenbrot reichen. Im Sommer wirkt der Salat durch seine milde Schärfe belebend und erfrischend. Statt Garnelen können Sie auch Flußkrebsschwänze oder Surimi verwenden.

Gemüse-Eier-Sülze im Glas

Zubereitungszeit: 60 Min., ohne Kühlzeit | Pro Portion: E: 13 g, F: 7 g, Kh: 9 g, kJ: 783, kcal: 187

Gut vorzubereiten – mit Alkohol

4 Portionen

4	*hart gekochte Eier*
3–4	*Kerbelstängel*
10 Blatt	*weiße Gelatine*
900 ml	*Gemüsebrühe*
250 g	*fein gewürfelte Möhren*
125 ml (1/8 l)	*trockener Sherry*
4–5 EL	*Weißweinessig*
	Salz
	frisch gemahlener Pfeffer
1 kleine Dose	*Gemüsemais (Abtropfgewicht 140 g)*

1 Eier schälen und in Scheiben schneiden. Kerbel abspülen, trockentupfen und in kleinere Stängel zupfen. Gelatine nach Packungsanleitung in kaltem Wasser einweichen.

2 Gemüsebrühe in einem Topf zum Kochen bringen. Möhrenwürfel darin etwa 10 Minuten garen, dann in ein Sieb abgießen und dabei die Gemüsebrühe auffangen. 750 ml Gemüsebrühe davon abmessen.

3 Gelatine leicht ausdrücken und unter Rühren in der heißen abgemessenen Gemüsebrühe auflösen. Sherry und Essig unterrühren. Sülzeflüssigkeit mit Salz und Pfeffer abschmecken. Mais in einem Sieb abtropfen lassen.

4 Jeweils 1–2 Esslöffel von der Sülzeflüssigkeit in 4 Gläser (mindestens je 0,3 l Inhalt) geben, so dass der Boden der Gläser mit einem Flüssigkeitsspiegel bedeckt ist. Die Gläser in den Kühlschrank stellen, bis die Flüssigkeit erstarrt ist.

5 Anschließend in jedes Glas eine Schicht Möhrenwürfel einschichten, diese mit der Sülzeflüssigkeit bedecken und die Gläser für etwa 5 Minuten in den Kühlschrank stellen.

6 Eine Schicht Mais in die Gläser geben, diese wieder mit der Sülzeflüssigkeit bedecken und für 5 Minuten kalt stellen. 1–2 Eierscheiben und einige kleine Kerbelstängel in die Gläser legen, mit Sülzeflüssigkeit bedecken und wieder kalt stellen. Restliche Zutaten auf die gleiche Weise verarbeiten und die Gläser mindestens 2 Stunden kalt stellen.

Tipp

Nach Belieben die Gemüse-Eier-Sülze mit einer Meerrettichsahne servieren. Dazu 100 g Schlagsahne fast steif schlagen. Einen Esslöffel geriebenen Meerrettich und etwas geriebene Zitronenschale unterrühren.

Radieschensülze

Zubereitungszeit: 40 Min., ohne Kühlzeit
Pro Portion: E: 23 g, F: 11 g, Kh: 2 g, kJ: 836, kcal: 200 | **Gut vorzubereiten**

6 Portionen

8 Blatt	*weiße Gelatine*
300 ml	*Fleischbrühe*
350 g	*Sülze vom Metzger, z. B. Eisbeinsülze*
150 ml	*Weißweinessig*
1 gestr. TL	*Salz*
	frisch gemahlener Pfeffer
2 Bund	*Radieschen*
200 g	*Fleischwurst*
1	*rote Zwiebel*
2 EL	*gehackte Petersilie*

Tipp

Die Sülze möglichst frisch verzehren, da sich die Farbe der Sülze verändert. Mit kleinen neuen Kartoffeln und einer Joghurt-Senf-Sauce wird die Sülze zum Hauptgericht.

1 Gelatine in kaltem Wasser nach Packungsanleitung einweichen. Fleischbrühe erwärmen und die Sülze darin unter Rühren auflösen. Gelatine leicht ausdrücken und in der warmen Sülzeflüssigkeit unter Rühren auflösen. Essig unterrühren und die Sülzeflüssigkeit mit Salz und Pfeffer abschmecken.
2 Den Boden einer Form (1,2 l Inhalt, kalt ausgespült oder mit Frischhaltefolie ausgelegt) etwa 1 cm hoch mit der Sülzeflüssigkeit bedecken. Die Form für etwa 10 Minuten in den Kühlschrank stellen.
3 Radieschen putzen, abspülen, abtropfen lassen. 10 Radieschen in Scheiben schneiden, die restlichen je nach Größe vierteln oder achteln. Fleischwurst enthäuten und in kleine Würfel schneiden. Zwiebel abziehen, halbieren und in Scheiben schneiden.
4 Die Radieschenscheiben in die Form schichten. Wurstwürfel, Radieschenviertel, Zwiebelscheiben und Petersilie unter die restliche Sülzeflüssigkeit rühren und in die Form füllen. Die Form für 6 Stunden oder über Nacht in den Kühlschrank stellen.
5 Die Form kurz in heißes Wasser tauchen und die Radieschensülze auf eine Platte stürzen, evtl. Frischhaltefolie entfernen.

Kichererbsensalat

Zubereitungszeit: 40 Min., ohne Abkühl- und Durchziehzeit | Backzeit: etwa 15 Min.
Pro Portion: E: 8 g, F: 19 g, Kh: 18 g, kJ: 1145, kcal: 274 | Für Gäste

4 Portionen

je 1	*rote, grüne und gelbe Paprikaschote*
1 Dose	*Kichererbsen (Abtropfgewicht 265 g)*
	Salz
2	*Zwiebeln (etwa 80 g)*
5 EL	*Olivenöl*
	frisch gemahlener Pfeffer
	gemahlener Kreuzkümmel (Cumin)
2–3 TL	*Zitronensaft*
30 g	*abgezogene, gemahlene Mandeln*
½ Bund	*glatte Petersilie*

1 Paprika halbieren, entstielen, entkernen und die weißen Scheidewände entfernen. Die Schoten waschen, trockentupfen, längs vierteln und mit der Hautseite nach oben auf ein Backblech (gefettet) legen.
2 Das Backblech in den vorgeheizten Backofen schieben.

Ober-/Unterhitze: etwa 220 °C
Heißluft: etwa 200 °C
Backzeit: etwa 15 Minuten. (Die Haut der Paprika muss Blasen werfen und langsam schwarz werden.)

3 Das Backblech auf einen Rost stellen. Die Paprikaschoten sofort mit einem feuchten Geschirrtuch bedecken. Die Paprikaviertel häuten und längs in dünne Streifen schneiden, mit Salz bestreuen und erkalten lassen.
4 Die Kichererbsen in ein Sieb geben, abspülen und abtropfen lassen. Zwiebeln abziehen, halbieren und in Scheiben schneiden. 1 Esslöffel Olivenöl in einem Topf erhitzen. Zwiebelscheiben hinzufügen und zugedeckt etwa 10 Minuten dünsten.
5 Zwiebelscheiben herausnehmen und in eine Schüssel geben. Kichererbsen und Paprikastreifen untermischen, mit Salz, Pfeffer, Kreuzkümmel und Zitronensaft würzen, etwa 30 Minuten durchziehen lassen.
6 Mandeln in einer Pfanne ohne Fett unter mehrmaligem Wenden goldbraun rösten, herausnehmen und auf einem Teller erkalten lassen.
7 Petersilie abspülen und trockentupfen. Die Blättchen von den Stängeln zupfen. Blättchen in einen hohen Rührbecher geben. Restliches Olivenöl und Mandeln hinzufügen, fein pürieren. Die Sauce mit Salz abschmecken. Den Salat mit der grünen Sauce anrichten.

Tipp

Zusätzlich 1–2 fein gehackte Knoblauchzehen unter die Sauce rühren.

Paprikasalat mit Schafkäse

Zubereitungszeit: 40 Min.
Pro Portion: E: 7 g, F: 20 g, Kh: 6 g, kJ: 976, kcal: 233 | **Zum Vorbereiten**

6 Portionen

750 g	*grüne Spitzpaprikaschoten*
1	*Zwiebel*
150 g	*Schafkäse*
75 g	*schwarze Oliven ohne Stein*

Für die Sauce:

100 ml	*Zitronensaft*
	Salz
1/4 TL	*gemahlener Kreuzkümmel (Cumin)*
1/4 – 1/2 TL	*Pul Biber (geschrotete Pfefferschoten)*
1/2 gestr. TL	*Zucker*
40 ml	*Olivenöl*
3 EL	*Sesamsamen*
1/2 Topf	*glatte Petersilie*

1. Paprikaschoten entstielen, entkernen und die weißen Scheidewände entfernen. Schoten waschen, abtrocknen und in dünne Ringe schneiden. Evtl. Reste der weißen Scheidewände aus den Ringen herausschneiden und Kerne entfernen.
2. Zwiebel abziehen und in feine Würfel schneiden. Schafkäse ebenfalls würfeln. Die vorbereiteten Zutaten mit den Oliven in eine Schüssel geben.
3. Für die Sauce Zitronensaft mit Salz, Kreuzkümmel, Pul Biber und Zucker verrühren, Öl und Sesam unterrühren. Die Sauce mit den Salatzutaten vermischen.
4. Petersilie abspülen, trockentupfen und die Blättchen von den Stängeln zupfen. Blättchen fein schneiden und unter den Salat mischen.

Linsensalat mit gebratener Blutwurst

Zubereitungszeit: 45 Min. | Pro Portion: E: 19 g, F: 38 g, Kh: 28 g, kJ: 2220, kcal: 531 | Raffiniert

4 Vorspeisenportionen

150 g	kleine französische Linsen (Du-Puy-Linsen)
1	Knoblauchzehe
1	Lorbeerblatt
1	kleine Zwiebel
1	Möhre
100 g	Knollensellerie
1	kleine Porreestange (Lauch)
20 g	Butter

Für das Dressing:

3 EL	Rotweinessig
1 EL	Honig
	Salz
	frisch gemahlener Pfeffer
4 EL	Sonnenblumenöl
2	Äpfel, z. B. Delicius
300 g	geräucherte Blutwurst
2–3 EL	Sonnenblumenöl
einige Spritzer	Crema di Balsamico

1 Die Linsen abwaschen und abtropfen lassen. Die Linsen nach Packungsanleitung, mit der Knoblauchzehe und dem Lorbeerblatt gar, aber noch bissfest kochen sind. Anschließend in einem Sieb abtropfen lassen.

2 Zwiebel abziehen und fein würfeln. Möhre und Sellerie putzen, schälen, abspülen, abtropfen lassen und in feine Würfel schneiden. Porree putzen, längs halbieren, waschen, abtropfen lassen und ebenfalls in feine Stücke schneiden.

3 Die Butter in einer Pfanne zerlassen. Zwiebel,- Möhren-, Selleriewürfel und Porreestücke darin andünsten. Die Linsen hinzufügen und noch 3–4 Minuten mitdünsten. Linsen-Gemüse-Mischung in eine Schüssel füllen.

4 Für das Dressing Essig mit Honig verrühren, mit Salz und Pfeffer würzen. Sonnenblumenöl unterschlagen. Das Dressing unter die noch warme Linsen-Gemüse-Mischung rühren. Salat noch etwas abkühlen lassen.

5 Äpfel waschen, abtrocknen, vierteln, entkernen und in schmale Spalten schneiden. Die Blutwurst enthäuten und in etwa 1 cm dicke Scheiben schneiden. Öl in einer Pfanne erhitzen. Die Apfelspalten darin von beiden Seiten kurz anbraten und herausnehmen. Dann die Blutwurstscheiben von beiden Seiten darin braten. Den Linsensalat mit den Apfelspalten und Blutwurstscheiben auf Tellern anrichten und mit ein paar Tropfen Crema di Balsamico beträufeln.

Tipp

Den Salat kann man mit Kartoffelpüree auch als Hauptspeise servieren.
Französiche Du-Puy-Linsen sind grüne Linsen, mit einem intensiv nussigem Geschmack. Sie können aber auch normale Tellerlinsen verwenden, diese nach Packungsanleitung zubereiten.
Crema di Balsamico, eine Mischung aus Aceto Balsamico und Balsamessig, ist auf Grund seiner cremigen Konsistenz ideal zum Würzen und Garnieren.

Peccorino-Carpaccio mit Rucola, Thymian und Chili

Zubereitungszeit: 20 Min. | Pro Portion: E: 21 g, F: 42 g, Kh: 1 g, kJ: 1914, kcal: 457 | Einfach

4 Portionen

1 Bund	*Rucola (Rauke)*
2	*Thymianstängel*
1–2	*Chilischoten*
250 g	*Peccorino-Käse am Stück*
	Salz
	frisch gemahlener Pfeffer
8 EL	*Olivenöl*

1 Rucola verlesen, dicke Stängel abschneiden, Rucola waschen, gut abtropfen lassen oder trockenschleudern und evtl. etwas kleiner zupfen. Thymian abspülen und abtropfen lassen. Die Blättchen von den Stängeln zupfen.

2 Chili entstielen, entkernen, abspülen, abtropfen lassen und in feine Ringe schneiden. Peccorino-Käse mit dem Käsehobel oder einer Aufschnittmaschine in hauchdünne Scheiben schneiden. Vier Teller oder eine größere Platte mit den Käsescheiben auslegen.

3 Rucola auf den Käsescheiben verteilen. Thymianblättchen und Chiliringe darauf streuen. Carpaccio mit wenig Salz und Pfeffer bestreuen und mit Olivenöl beträufeln, sofort servieren.

Tipp

Das Carpaccio kann vor dem Würzen zusätzlich mit in Scheiben geschnittenen Champignons belegt werden. Lecker ist es auch, das Carpaccio mit einigen Tropfen Knoblauchöl und/oder ein paar Spritzern Zitronensaft zu beträufeln.
Auch ein paar Scheiben Parmaschinken und Knoblauchcroûtons passen gut zu dieser Vorspeise.

Carpaccio von Manchego-Käse mit Paprika

Zubereitungszeit: 30 Min. | Backzeit: etwa 15 Min. | Pro Portion: E: 24 g, F: 34 g, Kh: 8 g, kJ: 1826, kcal: 436 | Raffiniert

4 Portionen

2	*rote Paprikaschoten*
40 g	*kleine Kapernäpfel oder Kapern*
1	*Bio-Zitrone (unbehandelt, ungewachst)*
3	*glatte Petersilienstängel*
1	*Knoblauchzehe*
4 EL	*Olivenöl*
1 Prise	*Zucker*
	Salz
	frisch gemahlener Pfeffer
250–300 g	*Manchego-Käse am Stück*

1 Paprikaschoten halbieren, entstielen, entkernen und die weißen Scheidewände entfernen. Paprika waschen, abtropfen lassen und mit der Hautseite nach oben auf ein Backblech (gefettet) legen.

2 Das Backblech in den vorgeheizten Backofen schieben.

Ober-/Unterhitze: etwa 220 °C
Heißluft: etwa 200 °C
Backzeit: etwa 15 Minuten. (Die Haut der Paprika muss Blasen werfen und langsam schwarz werden.)

3 Das Backblech auf einen Rost stellen. Die Paprikaschoten sofort mit einem feuchten Geschirrtuch bedecken. Dann die Paprika enthäuten und in Streifen schneiden.

4 Die Kapernäpfel oder Kapern in ein Sieb geben, abspülen und gut abtropfen lassen. Einige Kapernäpfel oder Kapern zum Garnieren beiseite legen, restliche fein hacken. Zitrone heiß abwaschen, abtrocknen und die Schale abreiben. Zitrone halbieren und auspressen. Petersilie abspülen, trockentupfen und die Blättchen von den Stängeln zupfen. Blättchen fein hacken. Knoblauch abziehen und durch eine Knoblauchpresse drücken.

5 Zitronensaft mit Zitronenschale, Petersilie, Knoblauch und Kapern verrühren. Olivenöl unterschlagen, mit Zucker, Salz und Pfeffer würzen. Marinade mit den Paprikastreifen vermischen und etwas durchziehen lassen.

6 Manchego-Käse mit dem Käsehobel oder einer Aufschnittmaschine in hauchdünne Scheiben schneiden. Vier Teller oder eine größere Platte mit den Käsescheiben auslegen.

7 Paprikastreifen etwas abtropfen lassen und gitterartig darauf legen. Restliche Marinade darauf träufeln und gehackte Kapernäpfel oder Kapern darauf streuen. Carpaccio mit Pfeffer bestreuen und mit den beiseite gelegten Kapernäpfeln oder Kapern garniert servieren.

Heringsfilet mit Eiern und Curry

Zubereitungszeit: 30 Min., ohne Durchziehzeit | Pro Portion: E: 31 g, F: 33 g, Kh: 10 g, kJ: 1901, kcal: 451 | Gut vorzubereiten

4 Portionen

8	*Heringsfilets (etwa 480 g, süß-sauer eingelegt)*
1	*Gemüsezwiebel*
3	*hart gelkochte Eier*
1	*kleine Chilischote*
150 g	*Crème légère oder Schmand*
1 TL	*Honig oder Zucker*
2 EL	*Currypulver, indisch*
	Salz
	frisch gemahlener Pfeffer
1	*hart gekochtes Ei*

1 Die Heringsfilets gut abtropfen lassen und in etwa 3 cm breite Stücke schneiden. Die Zwiebel abziehen, halbieren und in feine Scheiben schneiden. Eier schälen und mit einem Eierschneider in Scheiben schneiden.

2 Chilischote halbieren, entstielen, entkernen, abspülen und abtropfen lassen. Chili in sehr kleine Stücke schneiden. Crème légère oder Schmand mit Honig, Currypulver und Chili verrühren, mit Salz und Pfeffer abschmecken.

3 Die Sauce mit den Heringsfilets und den Eierscheiben vorsichtig (damit der Salat nicht zu matschig wird) vermischen und zugedeckt kalt gestellt etwa 24 Stunden durchziehen lassen.

4 Ei schälen, in Scheiben schneiden und den Salat damit garnieren.

Tipp

Dazu dunkles Brot oder Pumpernickel mit Butter servieren. Man kann statt Heringsfilets süß-sauer auch normale Heringsfilets nehmen, diese vor dem Verarbeiten unter fließendem kalten Wasser abspülen und trockentupfen. Dann muss man aber etwas mehr Honig oder Zucker zugeben, damit die typische süße Note, die durch die Schärfe des Curry abgerundet wird, erhalten bleibt.

Matjesheringe mit Orangen

Zubereitungszeit: 25 Min. | Pro Portion: E: 27 g, F: 31 g, Kh: 10 g, kJ: 1874, kcal: 440 | Mit Alkohol

Tipp

Den Salat in Gläsern anrichten und mit Schnittlauchhalmen garnieren.
Die Orangenfilets oder -stücke auch vorsichtig (damit der Salat nicht so matschig wird) unter den Salat heben. Der Salat kann schon am Vortag zubereitet und kalt gestellt werden.
Salzheringe können auch statt der Matjesfilets verwendet werden, diese sollten aber 4–5 Stunden vor der Verarbeitung gewässert werden.

4 Portionen

6	*Matjesfilets, etwa 480 g*
100 g	*gegarte, geschälte Garnelen*
1	*Bio-Orange (unbehandelt, ungewachst)*
1 EL	*Meerrettich (frisch gerieben oder aus einem Glas)*
200 g	*Schmand*
2 EL	*Cognac*
2 EL	*Schnittlauchröllchen*
	Salz
	frisch gemahlener Pfeffer

1. Matjesfilets abtropfen lassen und in 2–3 cm breite Streifen schneiden. Die Garnelen grob hacken.
2. Die Orange heiß abwaschen und abtrocknen. Die Schale mit einem Sparschäler hauchdünn abschälen und in feine Streifen schneiden. Wasser in einem Topf zum Kochen bringen. Orangenschalen hinzufügen und kurz blanchieren. Orangenschalen gut abtropfen lassen.
3. Matjes, Garnelen, Orangenstreifen und Meerrettich in einer Schüssel vermischen. Schmand mit Cognac verrühren und mit Pfeffer abschmecken. Schmandsauce über die Matjesmischung gießen.
4. Die Orange so abschälen, dass die gesamte weiße Haut entfernt wird. Orange filetieren oder in Stücke schneiden.
5. Matjesmischung mit Schnittlauch bestreuen und mit Orangenfilets oder Orangenstücken garnieren.

Salat von Artischocken, Saubohnen und Tomaten
mit Kapern-Vinaigrette

Zubereitungszeit: 40 Min. | Garzeit: etwa 20 Min. | Pro Portion: E: 13 g, F: 17 g, Kh: 17 g, kJ: 1162, kcal: 277 | Mit Alkohol

4–6 Portionen

4–6	*kleine frische Gemüseartischocken*
4 EL	*Olivenöl*
	Salz
	frisch gemahlener Pfeffer
20 ml	*trockener Weißwein*
oder	*Zitronensaft*
1	*kleiner Rosmarinzweig*
2	*Knoblauchzehen*
	Salzwasser
200 g	*frische Saubohnen (dicke Bohnen ohne Hülse)*
200 g	*Cocktailtomaten*
2 EL	*Kapern*
4 EL	*Olivenöl*
½ Topf	*Petersilie*
1	*Knoblauchzehe*
	Zucker
1	*Bio-Zitrone (unbehandelt, ungewachst)*

1. Artischocken unter fließendem kalten Wasser abspülen, gut abtropfen lassen. Obere braune Spitzen der Artischocken abschneiden. Die Stiele schälen. Artischocken vierteln.
2. Olivenöl in einer großen ofenfesten Pfanne erhitzen. Die Artischockenviertel darin gut anbraten, mit Salz und Pfeffer würzen. Weißwein oder Zitronensaft hinzugießen.
3. Rosmarinzweig abspülen und trockentupfen, einige Nadeln vom Zweig zupfen und zum Garnieren beiseite legen. Knoblauch abziehen, durch eine Knoblauchpresse drücken und zusammen mit dem Rosmarinzweig in die Pfanne geben. Pfanne zudecken (mit einem Deckel oder Aluminiumfolie) und auf einem Rost in den vorgeheizten Backofen schieben.

Ober-/Unterhitze: etwa 200 °C
Heißluft: etwa 180 °C
Garzeit: etwa 20 Minuten.

4. Salzwasser in einem Topf zum Kochen bringen. Die Bohnen darin kurz blanchieren, mit kaltem Wasser abschrecken, abtropfen lassen und die inneren Kerne aus der Hülle drücken.
5. Tomaten waschen, abtropfen lassen, vierteln und die Stängelansätze herausschneiden. Bohnen, Tomaten- und Artischockenviertel mit den Kapern vermischen. Olivenöl und evtl. etwas Kapernflüssigkeit unterrühren. Gemüsemischung mit Salz, Pfeffer und Zucker abschmecken.
6. Petersilie abspülen und trockentupfen, die Blättchen von den Stängeln zupfen und fein hacken. Knoblauch abziehen und fein hacken. Zitrone heiß abwaschen, abtrocknen und etwas Schale abreiben. Zitrone halbieren und auspressen. Den Salat mit Petersilie, beiseite gelegten Rosmarinnadeln, Knoblauch und Zitronenschale bestreuen, mit Zitronensaft beträufeln.

Tipp

Wenn Sie dazu 4 gebratene Fischfilets, z. B. Doraden-, Rotbarben- oder Wolfsbarschfilets (Loup de mer) oder 8 angebratene Jakobsmuscheln reichen, wird aus diesem Salat ein kleines Hauptgericht (etwa 4 Portionen).

Belegte **Baguettescheiben**

Zubereitungszeit: 45 Min., ohne Abkühlzeit | Insgesamt: E: 123 g, F: 111 g, Kh: 140 g, kJ: 8644, kcal: 2066 | Beliebt

12 Stück

etwa 200 g	Schweinefilet
	Salz
	frisch gemahlener Pfeffer
1 TL	Rapsöl
einige	Salatblätter
1	Baguettebrot (etwa 240 g)
50 g	weiche Butter
4 Scheiben	roher Schinken
4 Scheiben	Putenbrustaufschnitt
2 Scheiben	Gänsebrustaufschnitt
4 Scheiben	Salami (fein)
200 g	Thüringer Mett

Zum Garnieren:

1/4	Salatgurke
1	rote Paprikaschote
einige	grüne Oliven, mit Paprika gefüllt
einige	Maiskölbchen
1 EL	Schnittlauchröllchen

1 Schweinfilet unter fließendem kalten Wasser abspülen, trockentupfen, in 4 Scheiben schneiden, mit Salz und Pfeffer würzen. Öl in einer Pfanne erhitzen. Die Filetscheiben von beiden Seiten darin anbraten und in weiteren etwa 4 Minuten fertig garen. Filetscheiben herausnehmen und erkalten lassen. Salatblätter waschen und trockentupfen.

2 Das Baguettebrot in 12 etwa 1 cm dicke Scheiben schneiden und mit Butter bestreichen.

3 Jeweils 2 Baguettescheiben mit Salatblättern und je 2 Scheiben aufgerollten Schinken, mit je 2 Scheiben Putenbrustaufschnitt, mit je 3 Scheiben Gänsebrustaufschnitt, mit je 2 Scheiben Salami sowie mit den gebratenen Filetscheiben belegen. Thüringer Mett eventuell mit Salz und Pfeffer nachwürzen, 4 Baguettescheiben damit bestreichen.

4 Zum Garnieren Salatgurke waschen, abtrocknen und in dünne Scheiben schneiden. Scheiben halbieren. Paprika halbieren, entstielen, entkernen, die weißen Scheidenwände entfernen. Die Schote waschen, trockentupfen und in Würfel schneiden. Oliven in Scheiben schneiden.

5 Baguettescheiben auf einer Platte anrichten, mit Oliven, evtl. in Scheiben geschnitten, Gurkenstücken, Maiskölbchen, Paprikawürfeln und Schnittlauchröllchen garnieren.

Putenbrust-Baguette-Schnittchen

Zubereitungszeit: 20 Min. | Pro Stück: E: 4 g, F: 4 g, Kh: 12 g, kJ: 419, kcal: 100 | **Einfach**

10 Stück

1	*kleines Baguettebrot (etwa 400 g)*
etwas	*Remoulade (aus der Tube)*
10	*kleine Salatblätter, z. B. Lollo Bionda*
5	*Physalis*
1	*Kiwi*
10 Scheiben	*Putenbrustaufschnitt*

1 Baguette in 10 etwa 1 cm dicke Scheiben schneiden und dünn mit Remoulade bestreichen.
2 Salatblätter waschen und trockentupfen. Je ein Salatblatt auf eine bestrichene Baguettescheibe legen.
3 Physalis aus der Hülle zupfen, abwaschen, trockentupfen und halbieren. Kiwi schälen, längs halbieren und in Scheiben schneiden.
4 Putenbrustscheiben zuerst zur Hälfte, dann zu Vierteln zusammenlegen und die Schnittchen damit belegen. Jedes Schnittchen jeweils mit einer Kiwischeibe und einer Physalishälfte garnieren.

Tipp

Belegen Sie die Schnittchen statt mit Putenbrustaufschnitt mit gebratenem Putenbrustfilet. Dazu brauchen Sie: etwa 500 g Putenbrustfilet, Salz und Pfeffer und 3 Esslöffel Speiseöl zum Braten. Spülen Sie das Filet unter fließendem kalten Wasser ab, tupfen Sie es trocken und würzen es mit Salz und Pfeffer. Erhitzen Sie das Öl in einer Pfanne und braten Sie das Putenbrustfilet darin von allen Seiten etwa 15 Minuten. Nehmen Sie das Putenbrustfilet aus der Pfanne und lassen Sie es erkalten. Schneiden Sie es anschließend in 20 Scheiben und belegen Sie die Schnittchen damit.

Tomaten-Zucchini-Carpaccio mit Ricotta

Zubereitungszeit: 30 Min. | Pro Portion: E: 7 g, F: 18 g, Kh: 4 g, kJ: 862, kcal: 205 | Vegetarisch – schnell

6 Portionen

4	Fleischtomaten (etwa 600 g)
4	kleine Zucchini (etwa 600 g)
	Salzwasser
300 g	Ricotta (italienischer Frischkäse)
	Salz
	frisch gemahlener Pfeffer
6 EL	Olivenöl

Zum Garnieren:

einige	Dillstängel

1. Tomaten waschen, abtrocknen, halbieren und die Stängelansätze herausschneiden. Tomaten in Scheiben schneiden. Zucchini waschen, abtrocknen und die Enden abschneiden. Zucchini längs in dünne Scheiben schneiden (evtl. mit einer Aufschnitt- bzw. Brotschneidemaschine).
2. Salzwasser in einem Topf zum Kochen bringen und die Zucchinischeiben darin portionsweise blanchieren. Anschließend in ein Sieb geben, mit kaltem Wasser abschrecken und gut abtropfen lassen.
3. Ricotta verrühren, mit Salz und Pfeffer würzen. Den Rand von 6 Tellern schuppenförmig mit den Tomatenscheiben belegen. Jeweils ein Sechstel der Käsemasse in die Mitte setzen. Die Zucchinischeiben dekorativ an den Käse legen. Carpaccio mit Salz und Pfeffer bestreuen, mit Olivenöl beträufeln.
4. Zum Garnieren Dill abspülen und trockentupfen. Die Spitzen von den Stängeln zupfen. Das Carpaccio damit garnieren.

Beilage

Warmes Baguette mit Knoblauch- oder Kräuterbutter.

Tomaten-Avocado-Tatar mit Garnelen

Zubereitungszeit: 35 Min. | Pro Portion: E: 10 g, F: 38 g, Kh: 2 g, kJ: 1632, kcal: 390 | Raffiniert - einfach

6 Portionen

4	*Tomaten (etwa 400 g)*
2	*hart gekochte Eier*
1 Topf	*Schnittlauch*
1 Topf	*Petersilie*
4	*reife Avocados (etwa 1 kg)*
2–3 EL	*Zitronensaft*
3 EL	*Balsamico-Essig*
	Salz
	frisch gemahlener Pfeffer
8 EL	*Olivenöl*
12	*große geschälte Garnelen, mit Schwanz*
2 EL	*Olivenöl*

1 Tomaten waschen, abtrocknen, halbieren und die Stängelansätze herausschneiden. Tomaten entkernen und das Fruchtfleisch in kleine Würfel schneiden.

2 Eier schälen und würfeln. Schnittlauch und Petersilie abspülen, trockentupfen. Die Petersilienblättchen von den Stängeln zupfen (einige Blättchen zum Garnieren beiseite legen) und klein schneiden. Schnittlauch in Röllchen schneiden.

3 Avocados längs halbieren und jeweils den Kern herauslösen. Avocados schälen und das Fruchtfleisch in kleine Würfel schneiden. Avocadowürfel sofort mit Zitronensaft mischen.

4 Essig mit Salz und Pfeffer verrühren, Olivenöl unterschlagen. Avocado-, Tomaten-, Eierwürfel, Petersilie und Schnittlauchröllchen in eine Schüssel geben und mit der Marinade mischen.

5 Von den Garnelen evtl. den Darm entfernen. Garnelen unter fließendem kalten Wasser abspülen und trockentupfen. Olivenöl in einer Pfanne erhitzen. Die Garnelen darin von beiden Seiten etwa 4 Minuten braten, bis sie sich rötlich färben, mit Salz und Pfeffer würzen.

6 Avocado-Tatar mit den Garnelen auf Tellern anrichten und mit den beiseite gelegten Petersilienblättchen garnieren.

Gebackenes und Überbackenes

Seite 70 – 91

Warme Kleinigkeiten – aber keine halben Sachen

Gebackene Feigen mit Ziegenfrischkäsefüllung
Mini-Pizzen
Gemüseecken mit Käsesauce
Oliven-Tomaten-Crostini
Käse-Crostini
Auberginentortilla
Spinattortilla
Kartoffel-Schinken-Tortilla
Kartoffelrösti, raffiniert belegt
Blätterteigecken mit Hackfleischfüllung
Italienische Kräutertaschen
Tarteletts mit Ziegenfrischkäse
Tomaten-Basilikum-Törtchen
Kasseler-Aprikosen-Toast
Toast Toskana
Schnelle Flammküchle
Zwiebelkuchen-Häppchen
Gebackene Tintenfischringe
Überbackene Muscheln mit Knoblauch

Gebackene Feigen mit Ziegenfrischkäsefüllung

Zubereitungszeit: 45 Min. | Backzeit: etwa 6 Min. | Pro Stück: E: 2 g, F: 8 g, Kh: 16 g, kJ: 596, kcal: 143 | Vegetarisch

12 Stück

50 g	*Pistazienkerne*
500 ml (1/2 l)	*roter Traubensaft*
8 TL	*Akazienhonig*
5	*Thymianstängel*
250 g	*Ziegenfrischkäse*
6	*große frische Feigen*
	frisch gemahlener Pfeffer

1. Pistazien in einer Pfanne ohne Fett goldbraun rösten, erkalten lassen und hacken.
2. Traubensaft und 5 Esslöffel vom Akazienhonig in einem Topf verrühren und bei mittlerer Hitze sirupartig einkochen (etwa 15 Minuten).
3. Thymian abspülen und trockentupfen. Von 3 Stängeln die Blättchen zupfen. Blättchen fein hacken. Ziegenfrischkäse mit einer Gabel zerdrücken, mit dem restlichen Honig, gehacktem Thymian und etwa der Hälfte der Pistazien vermischen, mit Pfeffer abschmecken.
4. Die Feigen vorsichtig abspülen, trockentupfen und halbieren. Mit einem Teelöffel kleine Vertiefungen in das Fruchtfleisch drücken und die Frischkäsemasse in Häufchen hineinsetzen. Die gefüllten Feigen auf ein Backblech (gefettet) setzen. Das Backblech in den vorgeheizten Backofen schieben und den Grill (etwa 240 °C) dazuschalten.

   Ober-/Unterhitze: etwa 220 °C
   Heißluft: etwa 200 °C
   Backzeit: etwa 6 Minuten (bis die Käsemasse leicht gebräunt ist).

5. Beiseite gelegte Thymianstängel in kleinere Stängel zupfen. Die heißen Feigen mit Traubensirup anrichten, mit Thymian und restlichen Pistazien garnieren.

Tipp

Der Ziegenfrischkäse kann auch durch Schafkäse ersetzt werden und wer es lieber milder mag, verwendet Ricotta (italienischer Frischkäse).

Mini-Pizzen

Zubereitungszeit: 60 Min., ohne Teiggehzeit | Backzeit: 10–12 Min. je Backblech | Pro Stück: E: 15 g, F: 18 g, Kh: 42 g, kJ: 1627, kcal: 389

Für Kinder – vegetarisch

12 Stück

Für den Hefeteig:

600 g Weizenmehl
1 Pck. Dr. Oetker Trockenbackhefe
1 Prise Zucker
1 TL Salz
250 ml (1/4 l) lauwarmes Wasser
4 EL Olivenöl

Für den Belag:

800 g Tomaten
6 EL Olivenöl
je 2 rote, gelbe und grüne Paprikaschoten
1 Zucchini (etwa 200 g)
500 g Mozzarella-Käse
Salz
frisch gemahlener Pfeffer
2 EL gemischte gehackte Kräuter, z. B. Oregano, Basilikum, Rosmarin

Nach Belieben zum Garnieren:

einige Basilikumblättchen

1. Für den Hefeteig Mehl in eine Schüssel sieben und mit der Trockenbackhefe sorgfältig vermischen. Zucker, Salz, Wasser und Öl hinzufügen. Die Zutaten mit Handrührgerät mit Knethaken zunächst auf niedrigster, dann auf höchster Stufe in etwa 5 Minuten zu einem glatten Teig verarbeiten. Den Teig zugedeckt so lange an einem warmen Ort gehen lassen, bis er sich sichtbar vergrößert hat.
2. Den Teig auf einer bemehlten Arbeitsfläche kurz durchkneten und etwa 1/2 cm dick ausrollen. Den Teig einige Minuten ruhen lassen, dann 12 Kreise (Ø etwa 8 cm) ausstechen oder ausrollen. Teigkreise mit etwas Abstand auf 2 Backbleche (mit Backpapier belegt) legen.
3. Für den Belag die Tomaten mit kochendem Wasser übergießen, dann mit kaltem Wasser abschrecken. Tomaten enthäuten, vierteln und die Stängelansätze herausschneiden. Tomaten in kleine Würfel schneiden.
4. Die Paprikaschoten halbieren, entstielen, entkernen und die weißen Scheidewände entfernen. Schoten waschen und abtropfen lassen. Zucchini waschen, abtrocknen und die Enden abschneiden. Tomaten, Paprika und Zucchini in kleine Würfel schneiden.
5. Öl portionsweise einer großen Pfanne erhitzen. Nacheinander die Tomaten-, Paprika- und Zucchiniwürfel darin andünsten, jeweils mit Salz und Pfeffer abschmecken.
6. Zuerst die Tomaten-, dann die Paprika- und Zucchiniwürfel auf den Teigkreisen verteilen. Mozzarella abtropfen lassen und in 12 Scheiben schneiden. Jeweils eine Mozzarella-Scheibe auf eine Pizza legen. Pizzen mit den Kräutern bestreuen.
7. Die Backbleche nacheinander (bei Heißluft zusammen) in den vorgeheizten Backofen schieben.

   Ober-/Unterhitze: 180–200 °C
   Heißluft: 160–180 °C
   Backzeit: 10–12 Minuten je Backblech.

8. Nach Belieben zum Garnieren Basilikumblättchen abspülen, abtropfen lassen und die Mini-Pizzen damit garnieren.

Tipp

Wenn es nicht nur vegetarisch sein soll, können einige Pizzen auch mit Tunfisch aus der Dose, Kochschinkenwürfeln oder dünnen Salamischeiben belegt werden.

Gemüseecken mit Käsesauce

Zubereitungszeit: 50 Min., ohne Teiggehzeit | Backzeit: etwa 30 Min.
Pro Stück: E: 4 g, F: 8 g, Kh: 10 g, kJ: 543, kcal: 130
Vegetarisch – dauert länger

24 Stück

Für den Hefeteig:

250 g	*Weizenmehl*
1/2 Pck. (21 g)	*frische Hefe*
1 TL	*Zucker*
3 EL	*lauwarmes Wasser*
1 TL	*Salz*
	frisch gemahlener Pfeffer
4 EL	*Speiseöl, z. B. Olivenöl*
5 EL	*lauwarmes Wasser*

Für die Käsesauce:

3	*Eier (Größe M)*
knapp 1 TL	*Salz*
	frisch gemahlener Pfeffer
2	*Knoblauchzehen*
1 Bund	*glatte Petersilie*
100 g	*geriebener Emmentaler-Käse*
1 Becher (150 g)	*Crème fraîche*
125 g	*Schlagsahne*

Für den Belag:

1 Stange	*Porree (Lauch)*
1	*rote Paprikaschote*
1 Dose	*Mais (Abtropfgewicht 285 g)*

1 Für den Hefeteig Mehl in eine Schüssel sieben, in die Mitte eine Mulde drücken. Hefe zerbröckeln, in die Mulde geben. Zucker und Wasser über die Hefe geben, leicht verrühren, an einem warmen Ort etwa 10 Minuten gehen lassen.

2 Salz, Pfeffer, Öl und Wasser hinzufügen, mit Handrührgerät mit Knethaken zunächst auf niedrigster, dann auf höchster Stufe in etwa 5 Minuten zu einem Teig verarbeiten.

3 Den Teig zugedeckt an einem warmen Ort gehen lassen, bis er sich sichtbar vergrößert hat. Teig auf einer bemehlten Arbeitsfläche nochmals gut durchkneten. Dann auf einem Backblech (30 x 40 cm, gefettet) ausrollen. Vor den Teig einen mehrfach geknickten Streifen Alufolie legen.

4 Für die Käsesauce Eier verschlagen, mit Salz und Pfeffer würzen. Knoblauch abziehen und durch eine Knoblauchpresse drücken. Petersilie abspülen, trockentupfen und die Blättchen von den Stängeln zupfen. Einige Blättchen zum Garnieren beiseite legen. Restliche Blättchen fein schneiden. Knoblauch, Käse, Crème fraîche, Sahne und Petersilie hinzugeben und unter die verschlagenen Eier rühren.

5 Für den Belag Porree putzen, waschen, abtropfen lassen und in dünne Ringe schneiden. Paprikaschote halbieren, entstielen, entkernen und die weißen Scheidewände entfernen. Die Schote waschen, abtropfen lassen und in Streifen schneiden.

6 Mais in einem Sieb abtropfen lassen. Porree, Paprika und Mais mischen, auf dem Teig verteilen. Die Käsesauce darüber geben. Das Backblech in den vorgeheizten Backofen schieben.

Ober-/Unterhitze: etwa 200 °C
Heißluft: etwa 180 °C
Backzeit: etwa 30 Minuten.

7 Den Gemüsekuchen zweimal längs und dreimal quer halbieren. Die 12 Stücke nochmals diagonal halbieren, so dass Dreiecke entstehen. Gemüseecken warm oder kalt mit den beiseite gelegten Petersilienblättchen garniert servieren.

Tipp

Je nach Geschmack und Jahreszeit können die Gemüseecken auch mit anderem Gemüse, z. B. Brokkoli, Zucchini, Champignons und Cocktailtomaten belegt werden.

Oliven-Tomaten-Crostini (im Foto oben)

Zubereitungszeit: 35 Min. | Backzeit: etwa 10 Min. | Pro Portion: E: 1 g, F: 5 g, Kh: 5 g, kJ: 283, kcal: 68 | Raffiniert

20 Stück

1	*Knoblauchzehe*
60 ml	*Olivenöl*
5 Scheiben	*Sandwich-Toast*
60 g	*schwarze Oliven in Ringen (aus dem Glas)*
300 g	*Tomaten*
1 Bund	*Basilikum*
	Salz
	frisch gemahlener Pfeffer
20 g	*frisch geriebener Parmesan*

1 Knoblauch abziehen, durch eine Presse zu der Hälfte des Öls geben und verrühren. Brotscheiben vierteln, mit dem Knoblauchöl beträufeln und auf ein mit Backpapier belegtes Backblech legen. Das Backblech in den vorgeheizten Backofen schieben und das Brot rösten.

Ober-/Unterhitze: etwa 200 °C
Heißluft: etwa 180 °C
Backzeit: etwa 5 Minuten.

2 Olivenringe in einem Sieb abtropfen lassen. Tomaten waschen, abtrocknen, vierteln und die Stängelansätze entfernen. Tomaten entkernen und fein würfeln. Basilikum abspülen und trockentupfen. Die Blättchen von den Stängeln zupfen. Einige Blättchen zum Garnieren beiseite legen, die restlichen in Streifen schneiden. Tomatenwürfel, Olivenringe und Basilikumstreifen vermengen, mit Salz und Pfeffer würzen.

3 Die Mischung auf den Brotecken verteilen, mit Käse bestreuen und mit dem restlichen Öl beträufeln. Die Crostini wieder in den Backofen schieben und bei der oben angegebenen Backofeneinstellung weitere 5 Minuten überbacken.

Käse-Crostini (im Foto unten)

Zubereitungszeit: 30 Min. | Pro Portion: E: 4 g, F: 5 g, Kh: 13 g, kJ: 455, kcal: 109 | Einfach

10 Stück

50 g	*kräftiger Blauschimmelkäse, z. B. Roquefort*
50 g	*milder Blauschimmelkäse, z. B. Bavaria oder Castello Blue*
50 g	*Crème fraîche*
10	*Baguettescheiben*
1–2 EL	*flüssiger Honig, z. B. Lavendelhonig*
	rosa Pfefferbeeren

1 Beide Käsesorten in kleine Stücke schneiden und mit Crème fraîche in eine Schüssel geben und mit Handrührgerät mit Rührbesen verrühren.

2 Baguettescheiben auf ein Backblech legen und unter dem Grill (etwa 240 °C) des Backofens von beiden Seiten goldbraun rösten.

3 Baguettescheiben mit der Käsemasse bestreichen und unter dem Grill des Backofens 2–3 Minuten überbacken. Crostini mit Honig beträufeln. Pfefferbeeren zerdrücken und darauf streuen.

Tipp

Crostini schmecken warm sehr gut, können aber auch kalt gegessen werden.

Auberginentortilla

Zubereitungszeit: 35 Min., ohne Ziehzeit | Backzeit: etwa 15 Min.
Pro Portion: E: 14 g, F: 51 g, Kh: 15 g, kJ: 2371, kcal: 566 | Raffiniert

4–6 Portionen

1	*mittelgroße Aubergine*
1 TL	*Salz*
4	*Kartoffeln*
200 ml	*Olivenöl*
	Salz
	frisch gemahlener Pfeffer
1 Dose	*Champignonköpfe (Abtropfgewicht 175 g)*
100 g	*frisch geriebener Butterkäse*
1 TL	*gerebelter Oregano*
1 TL	*gerebeltes Basilikum*
4	*Eier (Größe M)*
½ Bund	*Petersilie*

1 Aubergine waschen, trockentupfen und den Stängelansatz abschneiden. Aubergine in dünne Scheiben schneiden, mit Salz bestreuen und etwa 15 Minuten ziehen lassen.

2 Kartoffeln waschen, schälen, abspülen und in dünne Scheiben schneiden. Etwa ein Drittel des Olivenöls in einer Pfanne erhitzen. Die Kartoffelscheiben unter mehrmaligem Wenden darin anbraten, herausnehmen und warm stellen.

3 Die Auberginenscheiben unter fließendem kalten Wasser abspülen und trockentupfen. Restliches Olivenöl in der Pfanne erhitzen und die Auberginenscheiben unter mehrmaligem Wenden anbraten. Auberginenscheiben herausnehmen, zu den warm gestellten Kartoffelscheiben geben und vorsichtig untermischen, mit Salz und Pfeffer kräftig würzen.

4 Champignonköpfe in einem Sieb abtropfen lassen. Champignonköpfe, Käse, Oregano und Basilikum zu der Kartoffel-Auberginen-Mischung geben und untermengen.

5 Eier verschlagen, mit Salz und Pfeffer würzen. Eier in eine flache Auflaufform (gefettet) geben. Die Kartoffel-Auberginen-Käse-Masse darauf verteilen. Die Form auf dem Rost in den vorgeheizten Backofen schieben.

Ober-/Unterhitze: etwa 180 °C
Heißluft: etwa 160 °C
Backzeit: etwa 15 Minuten.

6 Die Form auf einen Rost stellen. Petersilie abspülen und trockentupfen. Die Blättchen von den Stängeln zupfen. Blättchen klein schneiden.

7 Auberginentortilla in Stücke schneiden und mit Petersilie bestreut servieren.

Tipp

Zusätzlich können Sie 125 g gekochten, gewürfelten Schinken in die Mischung geben.

Spinattortilla

Zubereitungszeit: 20 Min., ohne Abkühlzeit | Garzeit: etwa 30 Min.
Pro Portion: E: 10 g, F: 12 g, Kh: 2 g, kJ: 647, kcal: 154
Gut vorzubereiten

4–6 Portionen

2	*Schalotten (etwa 50 g)*
1	*Knoblauchzehe*
1 EL	*Olivenöl*
125 g	*TK-Blattspinat*
	Salz
	frisch gemahlener Pfeffer
	frisch geriebene Muskatnuss
6	*Eier (Größe M)*
6 EL	*Milch*

1 Schalotten und Knoblauch abziehen, in kleine Würfel schneiden oder fein hacken. Olivenöl in einer beschichteten Pfanne erhitzen. Schalotten- und Knoblauchwürfel darin andünsten.
2 Den gefrorenen Spinat hinzugeben, unter gelegentlichem Rühren andünsten und zugedeckt bei schwacher Hitze etwa 10 Minuten garen. Den garen Spinat mit Salz, Pfeffer und Muskat würzen, mit einer Gabel vorsichtig auflockern und die Flüssigkeit verdampfen lassen. Spinat aus der Pfanne nehmen.
3 Spinat in eine Auflaufform (gefettet) geben. Eier mit Milch verschlagen und mit Salz würzen. Eiermilch auf den Spinat gießen und die Form auf dem Rost in den vorgeheizten Backofen geben.

Ober-/Unterhitze: etwa 200 °C
Heißluft: etwa 180 °C
Garzeit: etwa 30 Minuten.

4 Tortilla etwas abkühlen lassen und in Stücke schneiden.

Kartoffel-Schinken-Tortilla

Zubereitungszeit: 60 Min., ohne Abkühlzeit | Garzeit: etwa 25 Min. | Pro Portion: E: 20 g, F: 22 g, Kh: 14 g, kJ: 1393, kcal: 332
Für Kinder

8 Portionen

750 g	*fest kochende Kartoffeln*
200 g	*gekochter Schinken*
200 g	*roher Schinken*
8	*Eier (Größe M)*
125 g	*Schlagsahne*
	Salz
	frisch gemahlener Pfeffer
1–2	*Knoblauchzehen*
1 Bund	*glatte Petersilie*
70 g	*Butterschmalz*

1 Die Kartoffeln gründlich waschen, mit Wasser bedeckt zum Kochen bringen und in 20–25 Minuten gar kochen. Die Kartoffeln abgießen, mit kaltem Wasser abschrecken, kurz abkühlen lassen. Kartoffeln pellen, in Scheiben schneiden und erkalten lassen.
2 Beide Schinkensorten in Würfel schneiden. Eier mit Sahne verschlagen, mit Salz und Pfeffer würzen. Knoblauch abziehen, fein hacken und unterrühren. Petersilie abspülen, trockentupfen, die Blättchen von den Stängeln zupfen. Blättchen grob zerkleinern.
3 Butterschmalz portionsweise in einer großen Pfanne erhitzen. Die Kartoffelscheiben portionsweise darin anbraten. Kartoffeln mit Salz und Pfeffer würzen und etwa die Hälfte der Petersilie unterrühren.
4 Alles in eine große Auflaufform oder eine Fettfangschale umfüllen. Die Eiermasse darübergießen, mit den Schinkenwürfeln bestreuen. Die Fettfangschale (die Form auf dem Rost) in den vorgeheizten Backofen schieben und die Masse stocken lassen.

Ober-/Unterhitze: etwa 180 °C
Heißluft: etwa 160 °C
Garzeit: etwa 25 Minuten.

5 Die Tortilla vor dem Servieren mit der restlichen Petersilie bestreuen.

Kartoffelrösti, raffiniert belegt

Zubereitungszeit: 30 Min. | Garzeit: 16–18 Min. | Pro Stück: E: 5 g, F: 9 g, Kh: 8 g, kJ: 586, kcal: 140 | Einfach

24 Stück

24	*TK-Kartoffelrösti für den Backofen*
500 g	*Käse mit Knoblauch in Scheiben*
	Salzwasser
16	*Cocktailtomaten*
3	*Möhren*
	frisch gemahlener grober Pfeffer
einige	*Basilikumstängel*
einige	*Schnittlauchstängel*

1 Kartoffelrösti aus der Packung nehmen und auf ein Backblech (mit Backpapier belegt) legen. Backblech in den vorgeheizten Backofen schieben.

Ober/Unterhitze: etwa 220 °C
Heißluft: etwa 200 °C
Garzeit: etwa 8 Minuten.

2 In der Zwischenzeit Käsescheiben diagonal halbieren. Tomaten waschen, abtropfen lassen, halbieren und die Stängelansätze herausschneiden. Möhren putzen, schälen, abspülen und abtropfen lassen. Möhren in gleichmäßig dünne Scheiben schneiden. Salzwasser zum Kochen bringen und die Möhrenscheiben darin etwa 3 Minuten garen, dann herausnehmen und abtropfen lassen.

3 Kartoffelrösti wenden, mit Tomatenhälften, Möhrenscheiben und Käsedreiecken belegen. Das Backblech wieder in den Backofen schieben und **bei der oben angegebenen Backofeneinstellung weitere 8–10 Minuten backen**, bis der Käse zerlaufen ist.

4 Basilikum und Schnittlauch abspülen und trockentupfen. Basilikumblättchen von den Stängeln zupfen. Schnittlauch in feine Röllchen schneiden. Rösti nach Belieben mit Pfeffer bestreuen und mit Kräutern garnieren.

Abwandlungen

Überbackene Mozzarellapuffer:
Dafür Kartoffelpuffer oder -rösti mit Salamischeiben, Tomatenscheiben und Mozzarella belegen, mit buntem Pfeffer bestreuen und überbacken.

Kartoffelrösti mit Lachs:
Dafür je 2 Rösti mit einer Scheibe Lachs, Crème fraîche und Kaviar anrichten, mit Zitrone und Dill garnieren.

Blätterteigecken mit Hackfleischfüllung

Zubereitungszeit: 30 Min., ohne Auftau- und Ruhezeit | Backzeit: etwa 20 Min.
Pro Stück: E: 9 g, F: 16 g, Kh: 15 g, kJ: 1007, kcal: 241 | Beliebt

12 Stück

1 Pck.	TK-Blätterteig (450 g, 6 rechteckige Scheiben)

Für die Füllung:

1	Zwiebel
1	große Tomate
2 EL	Olivenöl
300 g	gemischtes Gehacktes (halb Rind-, halb Schweinefleisch)
2 EL	Tomatenmark
	Salz
	frisch gemahlener Pfeffer
1 TL	gerebelter Oregano

Zum Bestreichen:

1	Ei
2 EL	Milch

Zum Bestreuen:

40 g	Pinienkerne
	oder
40 g	gewürfelter Schafkäse

1 Blätterteigplatten nebeneinander nach Packungsanleitung auftauen lassen.
2 Für die Füllung Zwiebel abziehen und fein würfeln. Tomate waschen, abtrocknen, halbieren und den Stängelansatz herausschneiden. Tomate entkernen und in Würfel schneiden.
3 Olivenöl in einer Pfanne erhitzen. Zwiebelwürfel darin andünsten. Gehacktes hinzufügen und anbraten, dabei die Klümpchen mit einer Gabel zerdrücken. Tomatenmark unterrühren, die Masse mit Salz, Pfeffer und Oregano würzen. Tomatenwürfel unterrühren. Füllung etwas abkühlen lassen.
4 Blätterteigplatten quer halbieren und jede Hälfte auf einer leicht bemehlten Arbeitsfläche zu einem Quadrat (etwa 14 x 14 cm) ausrollen.
5 Zum Bestreichen Ei trennen. Eiweiß verschlagen und die Ränder der Blätterteigplatten damit bestreichen. Die Füllung in der Mitte der Blätterteigplatten verteilen. Die Teigplatten diagonal zusammenklappen, so dass Dreiecke entstehen.
6 Die Teigränder mithilfe einer Gabel gut zusammendrücken. Die Teigdreiecke auf 2 Backbleche (gefettet, mit Backpapier belegt) legen.
7 Eigelb mit Milch verschlagen, die Teigoberfläche damit bestreichen und mit Pinienkernen oder Schafkäse bestreuen. Die Backbleche nacheinander (bei Heißluft zusammen) in den vorgeheizten Backofen schieben.

Ober-/Unterhitze: etwa 200 °C
Heißluft: etwa 180 °C
Backzeit: etwa 20 Minuten.

8 Die Blätterteigecken mit Backpapier auf Kuchenroste ziehen. Die Ecken schmecken warm und kalt.

Variante

Blätterteigecken mit Spinat-Schafkäse-Füllung:
Dafür eine gewürfelte Zwiebel in einem Esslöffel Olivenöl in einem Topf andünsten. Ein halbes Päckchen TK-Blattspinat (225 g) hinzufügen und im geschlossenen Topf bei schwacher Hitze in etwa 10 Minuten auftauen lassen, dabei gelegentlich umrühren. Spinat mit Salz, Pfeffer und geriebener Muskatnuss würzen. Spinat etwas abkühlen lassen. 6 getrocknete Tomaten in Öl abtropfen lassen und in kleine Stücke schneiden. 100 g Schafkäse fein zerbröseln und mit den Tomatenstücken unter den Spinat rühren. Blätterteigtaschen wie oben beschrieben vorbereiten mit der Spinat-Schafkäse-Füllung füllen, wie beschrieben weiter verarbeiten und backen.

Italienische Kräutertaschen

Zubereitungszeit: 40 Min., ohne Kühlzeit | Backzeit: etwa 20 Min. | Pro Portion: E: 5 g, F: 9 g, Kh: 7 g, kJ: 541, kcal: 129

Raffiniert

15 Stück

Für den Teig:

125 g	Weizenmehl
½ gestr. TL	Dr. Oetker Backin
1 EL	gehackte, gemischte Kräuter, z. B. Petersilie, Oregano, Basilikum
50 g	Butter
½ TL	Salz
½ TL	Essig
2–3 EL	Wasser

Für die Füllung:

75 g	Cabanossi
einige	Basilikumstängel
100 g	Doppelrahm-Frischkäse
½–1 EL	Milch

Zum Bestreichen:

1	Eiweiß
1	Eigelb
1 EL	Wasser

Zum Bestreuen:

100 g	frisch geriebener Parmesan-Käse

1 Für den Teig Mehl mit Backpulver mischen, in eine Rührschüssel sieben, die restlichen Teigzutaten hinzufügen, mit Handrührgerät mit Rührbesen zunächst kurz auf niedrigster, dann auf höchster Stufe gut durcharbeiten, anschließend auf einer Arbeitsfläche zu einem glatten Teig verkneten. Sollte er kleben, ihn eine Zeit lang in Frischhaltefolie gewickelt kalt stellen (etwa 30 Minuten).

2 Für die Füllung Cabanossi fein würfeln. Basilikum abspülen, trockentupfen und die Blättchen von den Stängeln zupfen. Blättchen in feine Streifen schneiden. Frischkäse mit Milch verrühren, Basilikum und Cabanossi unterrühren.

3 Den Teig auf einer leicht bemehlten Arbeitsfläche etwa 2 mm dünn ausrollen und mit einem Teigrädchen 15 Quadrate (etwa 8 x 8 cm) ausschneiden. In die Mitte der Quadrate je einen gut gehäuften Teelöffel der Füllung geben.

4 Zum Bestreichen Eiweiß verschlagen. Die Teigränder mit dem Eiweiß bestreichen, die Quadrate zu Dreiecken zusammenklappen und die Ränder fest andrücken.

5 Die Teigtaschen auf ein Backblech (mit Backpapier belegt) legen. Eigelb mit Wasser verschlagen und die Taschen damit bestreichen, mit Parmesan bestreuen. Das Backblech in den vorgeheizten Backofen schieben.

Ober-/Unterhitze: etwa 180 °C
Heißluft: etwa 160 °C
Backzeit: etwa 20 Minuten.

Tipp

Die Kräutertaschen können warm oder kalt serviert werden. Um die Kräutertaschen gut vorbereiten zu können, sie nur etwa 15 Minuten backen und dann kurz vor dem Servieren noch einige Minuten bei 200 °C aufbacken.
Statt Cabanossi und Frischkäse Salami- und Mozzarellawürfel für die Füllung nehmen.

Tarteletts mit Ziegenfrischkäse

Zubereitungszeit: 40 Min., ohne Auftau-, Ruhe- und Abkühlzeit | Backzeit: etwa 15 Min. je Backblech
Pro Stück: E: 8 g, F: 17 g, Kh: 25 g, kJ: 1216, kcal 291 | **Gut vorzubereiten**

8 Stück

1 Pck.	*TK-Blätterteig (450 g)*
5	*Thymianstängel*
3 EL	*flüssiger Honig*
1 Bund	*Frühlingszwiebeln*
250 g	*Ziegenkäserolle*
	Salz
	frisch gemahlener Pfeffer

1 Die Blätterteigplatten nebeneinander zugedeckt nach Packungsanleitung auftauen. Thymian abspülen und trockentupfen (2 Stängel beiseite legen). Die Blättchen von den Stängeln zupfen.
2 Honig und Thymianblättchen in einen Topf geben, unter Rühren einmal aufkochen lassen. Topf von der Kochstelle nehmen. Honigmasse etwas abkühlen lassen.
3 Blätterteigplatten aufeinander legen und auf einer bemehlten Arbeitsfläche zu einem Rechteck (etwa 35 x 50 cm) ausrollen. 8 runde Platten (Ø etwa 12 cm) ausstechen. Die Teigplatten auf Backbleche (mit Backpapier belegt) legen.
4 Frühlingszwiebeln putzen, waschen, abtropfen lassen und in dünne Ringe schneiden. Ziegenkäse in 8 Scheiben schneiden. Frühlingszwiebelringe auf den Teigplatten verteilen, mit Salz bestreuen und mit je 1 Käsescheibe belegen. Pfeffer darauf streuen und mit Thymianhonig bestreichen.
5 Die Backbleche nacheinander (bei Heißluft zusammen) in den vorgeheizten Backofen schieben.

Ober-/Unterhitze: etwa 200 °C
Heißluft: etwa 180 °C
Backzeit: etwa 15 Minuten je Backblech.

6 Die Tarteletts vom Backblech lösen und mit den beiseite gelegten Thymianstängeln garnieren. Tarteletts warm oder kalt servieren.

Tipp

Die Tarteletts können gut vorbereitet und im vorgeheizten Backofen (Ober-/Unterhitze: etwa 180 °C, Heißluft: etwa 160 °C) in etwa 5 Minuten wieder aufgebacken werden.

Tomaten-Basilikum-Törtchen

Zubereitungszeit: 30 Min., ohne Auftau- und Teigruhezeit | Backzeit: etwa 20 Min.
Pro Stück: E: 10 g, F: 19 g, Kh: 18 g, kJ: 1174, kcal: 281 | **Für Kinder**

1 Blätterteigplatten nebeneinander zugedeckt bei Zimmertemperatur auftauen lassen.
2 Tomaten waschen, kreuzweise einschneiden und einige Sekunden in kochendes Wasser legen. Tomaten kurz in kaltem Wasser abschrecken, enthäuten, halbieren und Stängelansätze herausschneiden.
3 Eier verschlagen, Käse und Crème fraîche unterrühren, mit Pfeffer und Muskat würzen.
4 Basilikum abspülen und trockentupfen. Die Blättchen von den Stängeln zupfen. Einige Blättchen zum Garnieren beiseite legen, restliche Blättchen klein schneiden.
5 12 hitzebeständige Förmchen (Ø etwa 12 cm) mit kaltem Wasser ausspülen. Den Teig auf einer leicht bemehlten Arbeitsfläche messerrückendick ausrollen, Teig etwa 10 Minuten ruhen lassen. Die Förmchen mit dem Teig auskleiden, dabei einen Rand hochdrücken, mit den klein geschnittenen Basilikumblättchen ausstreuen.
6 Tomatenhälften und Eier-Käse-Masse darauf verteilen. Die Förmchen auf dem Rost im unteren Drittel in den vorgeheizten Backofen schieben.

Ober-/Unterhitze: etwa 220 °C
Heißluft: etwa 200 °C
Backzeit: etwa 10 Minuten.

7 Anschließend den Rost auf die mittlere Einschubleiste schieben und die Törtchen **bei gleicher Backofeneinstellung in etwa 10 Minuten fertig backen.**
8 Die Förmchen vom Rost nehmen. Die Törtchen in der Form mit den beiseite gelegten Basilikumblättchen garniert servieren.

12 Stück

1 Pck.	*TK-Blätterteig (450 g)*
36	*Cocktailtomaten*
6	*Eier (Größe M)*
150 g	*geriebener Gouda-Käse*
6 EL	*Crème fraîche*
	frisch gemahlener Pfeffer
	frisch geriebene Muskatnuss
1 Topf	*Basilikum*

Tipp

Wer keine kleinen Förmchen hat, kann das Rezept auch in einer Tarteform (Ø etwa 28 cm, gefettet) zubereiten und anschließend in 12 Stücke teilen. Dann reichen etwa 225 g TK-Blätterteig aus.

Kasseler-Aprikosen-Toast

Zubereitungszeit: 35 Min. | Backzeit: 8–10 Min. | Pro Stück: E: 14 g, F: 18 g, Kh: 32 g, kJ: 1457, kcal: 348 | Einfach

10 Stück

10 Scheiben	*Toastbrot*
80 g	*weiche Butter*
20 Scheiben	*Kasseler-Aufschnitt*
150 g	*Preiselbeerkonfitüre*
20	*Käsescheibletten*
20	*Aprikosenhälften (aus der Dose)*

Zum Garnieren:

einige	*Petersilienstängel*

1 Toastbrot toasten. Jede Toastscheibe dünn mit Butter bestreichen und auf ein Backblech (mit Backpapier belegt) legen. Auf jede Toastscheibe 2 Scheiben Kasseler-Aufschnitt geben und jeweils 1–2 Teelöffel Preiselbeerkonfitüre darauf verteilen. Je 2 Käsescheibletten darauf legen.

2 Aprikosenhälften in einem Sieb abtropfen lassen. Je 2 Aprikosenhälften mit der Schnittfläche nach unten auf eine belegte Toastscheibe legen. Restliche Preiselbeerkonfitüre auf den Aprikosenhälften verteilen.

3 Das Backblech in den vorgeheizten Backofen schieben.

Ober-/Unterhitze: etwa 200 °C
Heißluft: etwa 180 °C
Backzeit: 8–10 Minuten.

4 Zum Garnieren Petersilie abspülen, trockentupfen und die Blättchen von den Stängeln zupfen. Überbackene Toastscheiben mit Petersilienblättchen garniert servieren.

Toast Toskana

Zubereitungszeit: 60 Min., ohne Abkühlzeit | Backzeit: 5–6 Min. | Pro Stück: E: 10 g, F: 9 g, Kh: 14 g, kJ: 759, kcal: 181 | Einfach

15 Stück

1	*Ciabatta-Brot (zum Aufbacken, etwa 300 g)*
2	*Knoblauchzehen*
400 g	*Austernpilze*
60 ml	*Olivenöl*
	Salz
	frisch gemahlener Pfeffer
200 g	*getrocknete Tomaten in Öl*
180 g	*schwarze Olivenpaste*
250 g	*Mozzarella-Käse*
150 g	*frisch geraspelter Parmesan-Käse*

Zum Garnieren:

einige	*Petersilienstängel*

1 Ciabatta nach Packungsanleitung aufbacken, etwas abkühlen lassen und in 15 Scheiben schneiden. Die Brotscheiben auf ein Backblech (mit Backpapier belegt) legen. Das Backblech unter den vorgeheizten Grill schieben und die Brotscheiben von jeder Seite 2–3 Minuten rösten.

2 Knoblauch abziehen und in feine Würfel schneiden. Austernpilze putzen, mit Küchenpapier abreiben, evtl. abspülen und trockentupfen. Olivenöl in einer großen Pfanne erhitzen und die Pilze darin portionsweise braten, mit Salz, Pfeffer und Knoblauch würzen.

3 Tomaten in einem Sieb abtropfen lassen, evtl. halbieren. Die Ciabattascheiben mit Olivenpaste bestreichen, mit Austernpilzen und den Tomaten belegen.

4 Mozzarella in Scheiben schneiden und auf die vorbereiteten Toastscheiben legen, mit Parmesan-Käse bestreuen. Das Backblech in den vorgeheizten Backofen schieben.

Ober-/Unterhitze: etwa 200 °C
Heißluft: etwa 180 °C
Backzeit: 5–6 Minuten.

5 Zum Garnieren Petersilie abspülen und trockentupfen. Die Blättchen von den Stängeln zupfen und die Blättchen fein hacken. Die Toasts mit der Petersilie bestreut servieren.

Tipp

Statt getrockneter Tomaten können Sie auch 6–8 enthäutete, entkernte und in Würfel geschnittene Tomaten verwenden. Geben Sie zusätzlich einige in Streifen geschnittene Basilikumblätter unter die Tomatenwürfel.

Schnelle Flammküchle

Zubereitungszeit: 20 Min., ohne Auftauzeit | Backzeit: 10–15 Min. | Pro Portion: E: 2 g, F: 8 g, Kh: 7 g, kJ: 433, kcal: 104 | Für Gäste

24 Stück

1 Pck.	*TK-Blätterteig (450 g, 6 rechteckige Platten)*

Für den Belag:

1 Becher (150 g)	*Crème fraîche*
1 Beutel oder 1 Pck.	*Pfeffersauce (erhältlich im Supermarkt)*
100 g	*geräucherter, durchwachsener Speck*
etwas	*Petersilie*

1. Die Blätterteigplatten nebeneinander zugedeckt nach Packungsanleitung auftauen lassen. Die Blätterteigplatten jeweils in 4 Stücke schneiden und auf ein Backblech (mit Backpapier belegt) legen.
2. Für den Belag Crème fraîche mit dem Pfeffersaucenpulver glatt rühren und auf die Teigstücke streichen.
3. Speck in feine Streifen schneiden und darauf verteilen. Das Backblech in den vorgeheizten Backofen schieben.

Ober-/Unterhitze: 180–200 °C
Heißluft: 160–180 °C
Backzeit: 10–15 Minuten.

4. Die Flammküchle mit dem Backpapier vom Backblech auf einen Kuchenrost ziehen. Flammküchle etwas abkühlen lassen.
5. Petersilie abspülen und trockentupfen. Die Blättchen von den Stängeln zupfen. Blättchen klein schneiden und die Flammküchle damit garnieren.

Tipp

Die Flammküchle schmecken kalt und warm. Dazu einen gut gekühlten Weißwein servieren.

Zwiebelkuchen-Häppchen

Zubereitungszeit: 20 Min. | Backzeit: etwa 10 Min. je Backblech | Pro Portion: E: 2 g, F: 6 g, Kh: 9 g, kJ: 425, kcal: 100 | **Schnell**

16–18 Stück

1 Pck.	*Pizza-Fertigteig (230 g, Ø etwa 32 cm aus dem Kühlregal)*
1 Beutel	*Zwiebelsuppe*
250 g	*Schmand*
100 g	*Schafkäse*

1. Den Pizzateig aus der Packung nehmen, auf die Arbeitsfläche legen und mit einem Glas (Ø etwa 7 cm) Kreise ausstechen. Die Teigreste zusammenkneten und nochmals ausrollen und Kreise ausstechen. Die Teigkreise auf Backbleche (mit Backpapier belegt) legen.
2. Zwiebelsuppenpulver und Schmand verrühren und auf die Teigkreise streichen.
3. Schafkäse in Würfel schneiden oder mit einer Gabel zerdrücken und auf der Schmandmasse verteilen. Die Backbleche nacheinander (bei Heißluft zusammen) in den vorgeheizten Backofen schieben.

   Ober-/Unterhitze: etwa 220 °C
   Heißluft: etwa 200 °C
   Backzeit: etwa 10 Minuten je Backblech.

4. Die Zwiebelkuchen-Häppchen heiß oder kalt servieren.

Abwandlung

Sie können den Belag auch ohne Zwiebelsuppe zubereiten. Dazu 200–250 g mittelgroße Zwiebeln abziehen, in Scheiben schneiden und in Ringe teilen. Die Zwiebelringe in 2 Esslöffeln Olivenöl etwa 5 Minuten zugedeckt dünsten (die Zwiebelringe sollen nicht braun werden) und abkühlen lassen. Die Zwiebelringe mit 2 gehäuften Esslöffeln Schmand verrühren und mit Salz, Pfeffer und Paprikapulver edelsüß würzen. Die Masse auf den Teigplatten verteilen und mit dem Schafkäse bestreuen.

Tipp

Anstelle von Pizza-Fertigteig können Sie auch 1 Beutel aus einer Packung Grundmischung Pizzateig verwenden. Den Teig nach Packungsanleitung zubereiten, dünn ausrollen und wie oben angegeben Kreise daraus ausstechen.

Gebackene Tintenfischringe

Zubereitungszeit: 20 Min. | Pro Portion: E: 23 g, F: 14 g, Kh: 17 g, kJ: 1236, kcal: 295 | Schnell

6–8 Portionen

800 g küchenfertige, blanchierte Tintenfischringe
Saft von
1 Zitrone
Salz
frisch gemahlener Pfeffer

Für den Bierteig:
200 g Weizenmehl
250 ml (1/4 l) helles Bier
2 Eier (Größe M)
1 Prise Salz

Olivenöl zum Frittieren

1. Tintenfischringe unter fließendem kalten Wasser abspülen und trockentupfen, mit Zitronensaft beträufeln, mit Salz und Pfeffer würzen.
2. Für den Teig Mehl in eine Schüssel geben und mit dem Bier glatt rühren. Eier trennen, Eigelb gut unterrühren. Den Teig leicht salzen. Eiweiß steif schlagen und unterheben.
3. Olivenöl in einem hohen Topf oder in einer Fritteuse auf etwa 170 °C erhitzen.
4. Tintenfischringe durch den Teig ziehen, am Schüsselrand abstreifen und portionsweise schwimmend in dem siedenden Olivenöl goldgelb ausbacken.
5. Tintenfischringe mit einem Schaumlöffel herausnehmen, auf Küchenpapier abtropfen lassen und servieren.

Überbackene Muscheln mit Knoblauch

Zubereitungszeit: 30 Min. | Pro Portion: E: 4 g, F: 25 g, Kh: 2 g, kJ: 1076, kcal: 257 | **Mit Alkohol**

4–6 Portionen

30	*große Miesmuscheln*
1	*Schalotte*
125 ml (1/8 l)	*Wasser*
250 ml (1/4 l)	*Weißwein*
1 EL	*gemischte, gehackte Kräuter, z. B. Thymian, Estragon, Basilikum*
3	*Knoblauchzehen*
	Salz
3 EL	*gehackte, glatte Petersilie*
150 g	*weiche Butter*

1 Muscheln in reichlich kaltem Wasser gründlich waschen und einzeln abbürsten, bis sie nicht mehr sandig sind. Muscheln, die sich beim Waschen geöffnet haben, aussortieren, diese sind ungenießbar.

2 Schalotte abziehen und fein würfeln. Wasser mit Wein, Schalottenwürfeln und Kräutern in einem großen Topf zum Kochen bringen. Die Muscheln hinzufügen, zum Kochen bringen und zugedeckt 2–3 Minuten bei starker Hitze kochen lassen.

3 Die Muscheln mit einem Schaumlöffel aus dem Sud nehmen und gut abtropfen lassen. Ungeöffnete Muscheln und die leeren Schalenhälften aussortieren

4 Die Schalenhälften mit dem Muschelfleisch in eine Auflaufform legen. Knoblauch abziehen und fein zerdrücken. Butter geschmeidig rühren. Knoblauch und Petersilie unterrühren, mit Salz würzen. Kräuterbutter auf den Muscheln verteilen. Die Form auf dem Rost in den vorgeheizten Backofen schieben.

Ober-/Unterhitze: etwa 220 °C
Heißluft: etwa 200 °C
Überbackzeit: etwa 3 Minuten.

5 Die Muscheln sofort servieren.

Aus Topf und Pfanne

Seite 92 – 107

Genießer-Häppchen – die nicht alltäglich sind

Geschmorte Minizwiebeln mit Bacon
Kleine Zwiebeln, orientalisch
Pikante Kroepoek-Häppchen
Gebratenes Mozzarella-Sandwich
Mozzarella in carrozza
Lammbällchen mit Joghurt-Tomaten-Gurkensalat
Crostini mit Gemüse
Pilz-Bruschetta
Saltimbocca vom St. Petersfisch mit buntem Gemüse
Möhren-Ingwer-Püfferchen mit Apfelkompott
Apfelpuffer mit Lachstatar

Geschmorte Minizwiebeln mit Bacon (im Foto oben)

Zubereitungszeit: 30 Min. | Garzeit: etwa 40 Min. | Pro Portion: E: 6 g, F: 10 g, Kh: 6 g, kJ: 572, kcal: 137 | Einfach

4 Portionen

100 g	*Bacon (Frühstücksspeck in Scheiben)*
1 EL	*Olivenöl*
500 g	*kleine Zwiebeln*
3 EL	*Schältomaten (aus einem Tetrapak)*
	Wasser
	Salz
	frisch gemahlener Pfeffer

1 Bacon in feine Streifen schneiden. Olivenöl in einer Pfanne erhitzen. Frühstücksspeckstreifen darin kurz anbraten.

2 Die Zwiebeln abziehen, in die Pfanne geben und kurz mitbraten. Die Schältomaten unterrühren und soviel Wasser hinzugießen, dass die Zwiebeln zur Hälfte bedeckt sind, mit Salz und Pfeffer würzen.

3 Die Zwiebeln zugedeckt etwa 40 Minuten schmoren, bis die Zwiebeln weich sind. Evtl. während der Garzeit noch etwas Wasser hinzugießen.

4 Die Minizwiebeln nach der Garzeit nochmals mit Salz und Pfeffer abschmecken und servieren.

Tipp

Statt kleiner Zwiebeln können Sie auch Minizwiebeln verwenden, dann verkürzt sich die Schmorzeit auf 15–20 Minuten. Nach Belieben die geschmorten Minizwiebeln zum Servieren mit frisch gehackter Petersilie bestreuen.

Kleine Zwiebeln, orientalisch (im Foto unten)

Zubereitungszeit: 20 Min., ohne Abkühlzeit | Garzeit: etwa 30 Min.
Pro Portion: E: 5 g, F: 11 g, Kh: 67 g, kJ: 1704, kcal: 407 | Gut vorzubereiten

4 Portionen

1 kg	*kleine Zwiebeln*
500 ml (1/2 l)	*Gemüsebrühe*
250 ml (1/4 l)	*Obstessig*
150 g	*Honig*
150 g	*Sultaninen*
4 EL	*Tomatenpüree (aus einem Tetrapak)*
4 EL	*Olivenöl*
1	*Lorbeerblatt*
1 Msp.	*gemahlener Kreuzkümmel*
1	*Sternanis*
	Salz
	frisch gemahlener Pfeffer

1 Zwiebeln abziehen und zusammen mit den restlichen Zutaten in einen Topf geben. Das Ganze zum Kochen bringen und zugedeckt etwa 30 Minuten köcheln lassen, bis die Zwiebeln weich sind. Zwiebeln nochmals mit Salz und Pfeffer abschmecken und erkalten lassen.

Tipp

Servieren Sie dazu knuspriges Fladenbrot. Die Zwiebeln halten sich mit dem Sud im Kühlschrank, in einem verschlossenen Gefäß, etwa 1 Woche.

Pikante Kroepoek-Häppchen

Zubereitungszeit: 30 Min. | Pro Portion: E: 21 g, F: 15 g, Kh: 41 g, kJ: 1622, kcal: 388 | Raffiniert

4 Portionen

300 g	*Hähnchenbrustfilet*
2 EL	*Speisestärke*
3 EL	*Reisessig oder Weißweinessig*
	Salz
je 1	*grüne, rote und gelbe Paprikaschote*
1 Bund	*Frühlingszwiebeln*
1 kleines Stück	*Ingwer*
2	*Knoblauchzehen*
1 EL	*Zucker*
2 EL	*Sojasauce*
2 EL	*Fischsauce (Asialaden)*

Zum Ausbacken:

1 l	*neutrales Speiseöl*
100 g	*Kroepoek (Krabbenbrot zum Ausbacken)*
2–3 EL	*Olivenöl*
	frisch gemahlener Pfeffer

1 Hähnchenbrustfilet unter fließendem kalten Wasser abspülen, trockentupfen und in erbsengroße Stücke schneiden. 1 Esslöffel von der Speisestärke mit 2 Esslöffeln Wasser verrühren. 1 Esslöffel von dem Essig und eine Prise Salz unterrühren. Mischung mit dem Hähnchenfleisch vermengen.

2 Paprikaschoten halbieren, entstielen, entkernen und die weißen Scheidewände entfernen. Schoten waschen, abtropfen lassen und ebenfalls in erbsengroße Stücke schneiden. Frühlingszwiebeln putzen, abspülen, trockentupfen und in dünne Ringe schneiden. Ingwer schälen und fein reiben. Knoblauch abziehen und fein würfeln.

3 Restliche Stärke mit 2 Esslöffeln Wasser anrühren, mit dem restlichen Essig, Zucker und jeweils 1 Esslöffel der Soja- und der Fischsauce vermischen.

4 Speiseöl in einem Topf oder einer Friteuse auf 170 °C erhitzen. Die Kroepoek-Scheiben darin portionweise in etwa 30 Sekunden ausbacken. Dabei die Scheiben häufiger wenden, da sie sich wölben und rundherum weiß bleiben sollen (sonst schmecken sie bitter). Ausgebackene Kroepoek-Scheiben mit einem Schaumlöffel herausnehmen und auf Küchenpapier abtropfen lassen.

5 Öl in einer Pfanne erhitzen. Das marinierte Hähnchenfleisch darin unter Rühren anbraten. Paprikastücke, Frühlingszwiebelringe, Ingwer und Knoblauch kurz mitbraten und vorsichtig unterrühren. Die angerührte Essig-Sojasaucen-Mischung unterrühren und das Ganze nochmals 1 Minute köcheln lassen. Hähnchen-Gemüse-Mischung mit der restlichen Sojasauce, Salz und Pfeffer abschmecken.

6 Die Füllung in die ausgebackenen Kroepoek-Scheiben füllen und sofort servieren, damit sie nicht durchweichen.

Tipp

Damit die Häppchen auf dem Teller nicht hin und her rutschen oder umkippen, kann man sie auf blanchierten Sojasprossen anrichten, die mit Salz, Pfeffer, Essig und Öl angemacht sind. Nach Belieben die Häppchen mit Peperoniblüten und/oder Frühlingszwiebelbürsten garnieren, die Beschreibung dafür finden Sie im Ratgeber.

Gebratenes Mozzarella-Sandwich

Zubereitungszeit: 30 Min. | Pro Portion: E: 17 g, F: 22 g, Kh: 36 g, kJ: 1705, kcal: 407 | Preiswert

4 Portionen

etwa	
300 g	*Kastenweißbrot am Stück (kann auch vom Vortag sein)*
100 g	*Mozzarella-Käse*
40 g	*roher Schinken in dünnen Scheiben*
4	*Sardellenfilets*
etwas	*Weizenmehl*
2	*Eier (Größe M)*
5–6 EL	*Milch*
150 ml	*Speiseöl, z. B. Rapsöl*
	Salz
	frisch gemahlener Pfeffer

1. Kastenweißbrot entrinden und im Abstand von etwa 1 cm so einschneiden, dass sie an einer Seite noch zusammenhängen (wie bei Schmetterlingssteaks). Erst nach jeder zweiten Scheibe durchschneiden. Auf diese Weise vier Brote mit Taschen schneiden.
2. Mozzarella abtropfen lassen, in dünne Scheiben schneiden und in den Brottaschen verteilen. In zwei Brottaschen die Schinkenscheiben legen und in die anderen beiden die Sardellenfilets. Dann die Scheiben fest zusammendrücken.
3. Eier mit Milch in einer großen, flachen Schale verschlagen, mit Salz und Pfeffer würzen. Die gefüllten Brottaschen zuerst in Mehl wenden, dann in die Eiermilch legen. Auf jeder Seite etwa 3 Minuten ziehen lassen, bis die Eiermilch aufgesogen ist.
4. Öl in einer Pfanne erhitzen. Die Sandwichbrote nacheinander auf jeder Seite goldbraun und knusprig braten. Mozzarella-Sandwich-Brote diagonal halbieren und jeweils zwei unterschiedlich gefüllte Hälften auf 4 Tellern anrichten.

Tipp

Zu den Mozzarella-Sandwich-Broten einen bunten Blattsalat servieren. Wer Kräuter mag, kann bei der Schinkenfüllung zusätzlich frische Basilikumblätter auf die Mozzarellascheiben legen.

Mozzarella in carrozza

Zubereitungszeit: 40 Min. | Pro Stück: E: 11 g, F: 13 g, Kh: 31 g, kJ: 1219, kcal: 291 | Preiswert

10 Stück

20 Scheiben	*Toastbrot*
250 g	*Mozzarella-Käse*
3	*Eier (Größe M)*
200 ml	*Milch*
	Salz
	frisch gemahlener Pfeffer
	Paprikapulver edelsüß
75 g	*Semmelbrösel*
125 ml (1/8 l)	*Sonnenblumenöl*

1 Aus den Toastbrotscheiben runde Scheiben mit einem Durchmesser von 6–8 cm ausstechen.
2 Mozzarella in einem Sieb abtropfen lassen und in etwa 1 cm dicke Scheiben schneiden.
3 Eier mit etwa einem Drittel der Milch in einer Schale verschlagen und mit Salz, Pfeffer und Paprikapulver würzen. Restliche Milch und Semmelbrösel getrennt in je einen tiefen Teller geben.
4 Jeweils eine Mozzarellascheibe auf eine runde Toastscheibe legen. Mit einer zweiten Toastscheibe bedecken und leicht andrücken.
5 Zuerst die Toastränder rundherum in Milch und dann in Semmelbrösel tauchen, etwas andrücken. Dann die Mozzarella-Toastscheiben ganz in der Eiermilch wenden.
6 Sonnenblumenöl in einer Pfanne erhitzen und die Toastscheiben von beiden Seiten goldgelb ausbacken. Auf Küchenpapier abtropfen lassen und sofort servieren.

Beilage

Tomaten-Zwiebel-Platte mit Mozzarella-Käse:
Dazu benötigen Sie: 1 Gemüsezwiebel, 3 große Tomaten, 3 Esslöffel Olivenöl, 1 Esslöffel Balsamico-Essig, Salz, Pfeffer, 125 g Mozzarella-Käse. Ziehen Sie die Zwiebel ab, schneiden Sie sie in Scheiben und teilen Sie diese in Ringe. Waschen Sie die Tomaten, halbieren Sie diese und entfernen Sie die Stangelansätze. Schneiden Sie die Tomaten in Scheiben. Richten Sie die Tomatenscheiben auf einer Platte an und belegen Sie die Tomatenscheiben mit den Zwiebelringen. Beträufeln Sie die Tomaten-Zwiebeln mit der Marinade aus Olivenöl, Balsamico-Essig, Salz und Pfeffer. Belegen Sie das Ganze mit dem in Scheiben geschnittenen Mozzarella-Käse.

Tipp

Sie können die ausgestochenen Toastscheiben zusätzlich mit Basilikumpesto bestreichen und mit einer Tomatenscheibe belegen. Dazu benötigen Sie noch etwa 75 g Basilikumpesto und 2 kleine Tomaten. Die Reste der Toastbrotscheiben können Sie trocknen lassen und zu Semmelbröseln verarbeiten.

Lammbällchen mit Joghurt-Tomaten-Gurkensalat

Zubereitungszeit: 40 Min., ohne Durchziehzeit | Pro Portion: E: 17 g, F: 32 g, Kh: 9 g, kJ: 1665, kcal: 398 | Etwas Besonderes

4 Portionen

1	Möhre
1 Bund	glatte Petersilie
2	Pfefferminzestängel
250 g	Lammhackfleisch
1 Msp.	Cayennepfeffer
1 Msp.	gemahlener Kreuzkümmel
1 Msp.	gemahlener Zimt
1 Msp.	getrockneter Majoran
70 g	fein gehackte Walnusskerne
1 TL	Grenadinesirup
1	Eigelb
2 EL	Olivenöl
	Salz
	frisch gemahlener Pfeffer
2 EL	Olivenöl
½	Gurke (etwa 300 g)
2–3	Tomaten
200 g	Naturjoghurt
1 EL	Olivenöl
1–2 EL	Zitronensaft

1. Möhre putzen, schälen, abspülen, abtropfen lassen und in feinste Würfelchen schneiden oder raspeln. Petersilie und Minze abspülen, trockentupfen und die Blätter von den Stängeln zupfen. Einige Minzeblätter zum Garnieren beiseite legen. Restliche Minze- und Petersilienblättchen getrennt fein hacken.
2. Gehacktes mit Möhrenwürfeln, Cayennepfeffer, Kreuzkümmel, Zimt, Majoran, gehackten Walnusskernen, Grenadinesirup, Eigelb, gehackter Petersilie und 2 Esslöffeln vom Olivenöl vermengen. Masse mit Salz und Pfeffer würzen und etwa 30 Minuten kalt gestellt durchziehen lassen.
3. Aus der Gehacktesmasse mit angefeuchteten Händen 16 Bällchen formen. Öl in einer großen Pfanne erhitzen. Die Bällchen darin rundherum anbraten und in 6–8 Minuten fertig braten, warm stellen.
4. Gurke waschen, abtrocknen und die Enden abschneiden. Gurke der Länge nach halbieren und entkernen. Gurke in etwa 1 cm große Würfel schneiden. Tomaten waschen, abtrocknen, halbieren und die Stängelansätze herausschneiden. Tomaten in kleine Würfel schneiden, mit den Gurkenwürfeln vermischen.
5. Joghurt mit Olivenöl und gehackten Minzeblättern verrühren, mit Zitronensaft, Salz und Pfeffer abschmecken. Joghurtsauce mit Gurken- und Tomatenwürfeln vermischen.
6. Lammbällchen mit dem Salat anrichten und mit den beiseite gelegten Minzeblättchen garnieren.

Abwandlung

Kleine Hackfleischfrikadellen: (etwa 20 Stück)
Dafür 400 g gemischtes Gehacktes (halb Rind-, halb Schweinefleisch) mit einer fein gewürfelten Zwiebel, einem Esslöffel Semmelbröseln, einem Ei und einem Esslöffel Senf vermengen. Die Masse mit Salz und Pfeffer abschmecken und daraus mit angefeuchteten Händen 20 kleine Bällchen formen, diese etwas flach drücken. Speiseöl in einer Pfanne erhitzen. Die Frikadellen darin portionsweise von allen Seiten gut anbraten und in etwa 10 Minuten gut durchbraten. Die Hackfleischfrikadellen schmecken warm und kalt.

Crostini mit Gemüse

Zubereitungszeit: 30 Min. | Pro Stück: E: 2 g, F: 7 g, Kh: 11 g, kJ: 482, kcal: 115 | Einfach

10–12 Stück

1	*kleine Aubergine (etwa 200 g)*
1	*kleine Zucchini (etwa 200 g)*
1	*Zwiebel*
2	*Knoblauchzehen*
4–5 EL	*Olivenöl*
2	*Flaschentomaten*
1	*Rosmarinzweig*
einige	*Thymianstängel*
	Salz
	frisch gemahlener Pfeffer
1	*kleines Baguette*
3 EL	*Olivenöl*

1 Aubergine und Zucchini waschen, abtrocknen und die Enden abschneiden. Zucchini und Aubergine in etwa 1 cm große Würfel schneiden.
2 Zwiebel und Knoblauch abziehen und in feine Würfel schneiden. Olivenöl in einer Pfanne erhitzen und die Zwiebel- und Knoblauchwürfel darin andünsten. Zucchini- und Auberginenwürfel hinzufügen und kurz anbraten. Dann die Gemüsewürfel unter gelegentlichem Rühren etwa 5 Minuten garen.
3 Tomaten waschen, abtropfen lassen und kreuzweise einschneiden. Tomaten kurz in kochendes Wasser legen und anschließend mit kaltem Wasser übergießen. Tomaten enthäuten, halbieren und die Stängelansätze entfernen. Tomaten in kleine Würfel schneiden und unter das Gemüse heben.
4 Rosmarin und Thymian abspülen und trockentupfen. Nadeln und Blättchen von den Stängeln zupfen und fein hacken. Gemüse mit Kräutern, Salz und Pfeffer würzen.
5 Baguette in 10–12 Scheiben schneiden. Olivenöl in einer großen Pfanne erhitzen und die Baguettescheiben, evtl. portionsweise, darin von beiden Seiten knusprig braten.
6 Baguettescheiben mit der Gemüsemischung belegen, diese mit einer Gabel etwas andrücken.

Tipp

Diese Gemüsecrostinis schmecken warm am besten, können aber auch kalt serviert werden.

Pilz-Bruschetta

Zubereitungszeit: 15 Min., Garzeit: etwa 15 Min. | Pro Portion: E: 3 g, F: 9 g, Kh: 3 g, kJ: 542, kcal: 129 | Mit Alkohol

4 Portionen

200 g	*frische Steinpilze (ersatzweise Pfifferlinge oder rosé Champignons)*
1	*Schalotte*
20 g	*getrocknete Tomaten*
8 Scheiben	*Ciabatta (italienisches Weizenbrot) oder Baguette*
2 EL	*Olivenöl*
etwas	*frischer oder*
½ TL	*getrockneter Majoran*
125 ml (⅛ l)	*trockener Weißwein*
50 g	*Schlagsahne*
	Salz
	frisch gemahlener Pfeffer

1 Steinpilze putzen und mit Küchenpapier abreiben, evtl. kurz abspülen und gut abtropfen lassen. Pilze in dünne Stücke schneiden. Schalotte abziehen und in Würfel schneiden. Tomaten in feine Streifen schneiden. Brotscheiben in einer Pfanne anrösten oder toasten.

2 Olivenöl in einer Pfanne erhitzen. Schalotte, Majoran und Pilze in die Pfanne geben und anbraten. Getrocknete Tomaten dazugeben, kurz mit andünsten und dann Wein und Sahne dazugießen. Alles etwa 10 Minuten unter gelegentlichem Rühren dünsten, bis die meiste Flüssigkeit verdampft ist. Pilzmischung mit Salz und Pfeffer abschmecken.

3 Pilzmischung etwas abkühlen lassen, auf den knusprigen Brotscheiben verteilen und sofort servieren.

Variante

Tomaten-Bruschetta:
5 enthäutete, entkernte Tomaten fein würfeln, mit 1 fein gewürfelten Knoblauchzehe, 1 Esslöffel fein gehackten Basilikumblättchen und 3 Esslöffeln Olivenöl verrühren, mit Salz und Pfeffer würzen. 8 große Baguettescheiben in einer Pfanne rösten und die Tomatenmischung darauf verteilen. Bruschetta mit Basilikumblättchen garniert sofort servieren.

Tipp

Pilz-Bruschetta mit frischen Kräutern, z. B. Petersilie garnieren.

Saltimbocca vom St. Petersfisch mit buntem Gemüse

Zubereitungszeit: 40 Min. | Pro Portion: E: 22 g, F: 12 g, Kh: 23 g, kJ: 1200, kcal: 287 | Etwas Besonderes

8 Portionen

20	*neue kleine Kartoffeln*
15 Stangen	*grüner Spargel*
250 g	*Zuckerschoten*
	Salzwasser
4	*Möhren*
1 Bund	*Frühlingszwiebeln*
4	*St. Petersfischfilet-stücke ohne Haut (je etwa 150 g)*
8	*Parmaschinken-scheiben*
6 EL	*Olivenöl*
250 g	*Cocktailtomaten*
20 g	*Butter*
	Salz
	frisch gemahlener Pfeffer
1–2 EL	*Limettensaft*

1 Kartoffeln gut waschen und mit Wasser bedeckt in einem Topf zum Kochen bringen. Kartoffeln in etwa 15 Minuten gar kochen.

2 Spargel im unteren Drittel schälen, die Enden abschneiden. Zuckerschoten putzen, evtl. die Enden abfädeln. Spargel und Zuckerschoten abspülen und abtropfen lassen. Spargelstangen schräg halbieren.

3 Salzwasser in einem Topf zum Kochen bringen, nacheinander darin den Spargel etwa 4 Minuten und die Zuckerschoten etwa 2 Minuten garen. Gemüse jeweils mit einer Schaumkelle herausnehmen, mit kaltem Wasser abschrecken und abtropfen lassen. Kartoffeln abgießen, etwas abkühlen lassen, pellen und längs halbieren.

4 Möhren und Frühlingszwiebeln putzen. Möhren schälen. Möhren und Frühlingszwiebeln abspülen und abtropfen lassen. Möhren schräg in dünne Scheiben schneiden. Frühlingszwiebeln schräg in dünne Ringe schneiden.

5 Fischfilets unter fließendem kalten Wasser abspülen, trockentupfen und halbieren. Die Fischstücke mit je einer Scheibe Parmaschinken umwickeln. Den Backofen bei Ober-/Unterhitze auf etwa 100 °C vorheizen. Einen großen ofenfesten Teller mit erwärmen. Die Hälfte des Olivenöls in einer großen Pfanne erhitzen. Die Fischstücke darin von beiden Seiten gut anbraten, mit Pfeffer bestreuen.

6 Die angebratenen Fischstücke aus der Pfanne nehmen und zum Warmhalten auf dem vorgewärmten Teller in den vorgeheizten Backofen schieben.

7 Restliches Olivenöl in der Pfanne erhitzen. Kartoffelhälften und Möhrenscheiben darin anbraten und etwa 5 Minuten unter gelegentlichem Wenden braten.

8 Tomaten waschen, abtropfen lassen und die Stängelansätze herausschneiden. Tomaten, Spargel, Zuckerschoten und Frühlingszwiebeln hinzufügen und noch 3–4 Minuten mitbraten.

9 Butter unter das Gemüse rühren. Gemüse mit Salz, Pfeffer und Limettensaft abschmecken. Gemüse mit dem Fisch servieren.

Tipp

Wenn Sie einige frisch gepflückte Salbeiblüten mit dem Fisch braten, bekommt dieses Gericht ein besonderes Aroma.
Statt St. Petersfischfilet kann man auch Pangasius-, Tilpapia- oder Rotbarschfilet nehmen.
Garnieren Sie die Vorspeise mit Tomatenblüten und frittierten Salbeiblättern (siehe Ratgeber).

Apfelpuffer mit Lachstatar (im Foto oben)

Zubereitungszeit: 50 Min. | Pro Sück: E: 5 g, F: 7 g, Kh: 4 g, kJ: 443, kcal: 106 | Für Gäste

12 Stück

Für das Tatar:

250 g geräucherter Lachs
1 kleine Zwiebel
3–4 Dillstängel
2 EL Kräuteressig
1 EL Zitronensaft
1 TL geriebener Meerrettich
Salz, Pfeffer
3–4 EL Speiseöl, z. B. Olivenöl

Für die Puffer:

250 g Knollensellerie
2 säuerliche Äpfel, z. B. Cox Orange
1 Ei (Größe M)
2 EL Weizenmehl

60 g Butterschmalz

1 Für das Tatar den Lachs fein würfeln. Die Zwiebel abziehen, ebenfalls fein würfeln. Den Dill abspülen, die Spitzen von den Stängeln zupfen. Dillspitzen hacken und mit den Lachs- und Zwiebelwürfeln vermengen.
2 Essig mit Zitronensaft, Meerrettich, Salz, Pfeffer und Öl verrühren, mit der Lachsmischung vermengen. Lachstatar kalt stellen.
3 Für die Puffer Sellerie schälen, abspülen, abtropfen lassen und grob reiben. Die Äpfel schälen, vierteln, das Kerngehäuse herausschneiden. Apfelviertel ebenfalls grob reiben und in einem Küchentuch gut auspressen.
4 Sellerie- und Apfelraspel mit Ei und Mehl vermengen und mit Salz, Pfeffer würzen.
5 Etwas von dem Butterschmalz in einer Pfanne zerlassen. Die Puffermasse portionsweise mit einem Esslöffel in die Pfanne geben, etwas flach drücken und von beiden Seiten knusprig braten. Insgesamt 12 Puffer aus der Puffermasse braten.
6 Die fertigen Puffer aus der Pfanne nehmen, kurz zum Fett abtropfen auf Küchenpapier legen und warm stellen. Das Lachstatar auf den Puffern verteilen.

Möhren-Ingwer-Püfferchen mit Apfelkompott (im Foto unten)

Zubereitungszeit: 40 Min. | Pro Portion: E: 5 g, F: 13 g, Kh: 37 g, kJ: 1219, kcal: 291 | Etwas Besonderes

4 Portionen

500 g Möhren
1 Kartoffel
½ Topf Schnittlauch
2 Korianderstängel
1 walnussgroßes Stück Ingwer
1 Pck. Dr. Oetker Finesse Orangenfrucht
1 Msp. gemahlener Kreuzkümmel
2 EL Weizenmehl
2 EL Semmelbrösel
1 Ei (Größe M)

frisch geriebene Muskatnuss
Salz, Pfeffer

5–6 EL Olivenöl

1 Glas Apfelkompott (Einwaage 370 g)

1 Möhren putzen. Möhren und Kartoffel schälen, abspülen, abtropfen lassen und grob raspeln. Schnittlauch und Koriander abspülen und trockentupfen. Schnittlauch in Röllchen schneiden. Die Blättchen von den Korianderstängeln zupfen. Blättchen fein schneiden. Ingwer schälen und fein reiben.
2 Möhren- und Kartoffelraspel, Schnittlauchröllchen, Koriander, Ingwer, Orangenfrucht, Kreuzkümmel, Mehl, Semmelbrösel und Ei zu einem Teig verrühren, Pufferteig mit Muskatnuss, Salz und Pfeffer abschmecken.
3 Etwas von dem Öl in einer beschichteten Pfanne erhitzen. Pufferteig portionsweise mit einem Esslöffel das heiße Fett geben und etwas flach drücken. Die Püfferchen von jeder Seite etwa 3 Minuten braten, bis sie goldbraun sind. Insgesamt 8–12 Puffer aus dem Pufferteig braten.
4 Die fertigen Puffer aus der Pfanne nehmen, kurz zum Fett abtropfen auf Küchenpapier legen und warm stellen. Püfferchen mit dem Apfelkompott servieren.

Tipp

Die Püfferchen können gut vorbereitet und kalt gestellt werden. Dann die Püfferchen 15 Minuten vor dem Servieren auf ein Backblech (mit Backpapier belegt) legen, mit Alufolie zudecken und im vorgeheizten Backofen bei Ober-/Unterhitze: etwa 150 °C aufwärmen.

Pikantes Gebäck

Seite 108 – 123

Herzhaftes Gebäck – das Einfache, das nicht fehlen darf

Käsestangen
Oliven-Kräuter-Stangen
Schmandkräcker
Rosmarinecken
Pikante Schweineöhrchen
Zucchini-Käse-Muffins
Käse-Muffins

Käse-Schinken-Hörnchen
Pizzastreifen
Speckschnecken
Käseschnecken
Pizzabrote (Focaccia)
Rollenbrötchen

Käsestangen

Zubereitungszeit: 25 Min., ohne Auftau- und Ruhezeit | Backzeit: etwa 15 Min. je Backblech
Insgesamt: E: 53 g, F: 142 g, Kh: 168 g, kJ: 9086, kcal: 2172 | Einfach

etwa 20 Stück (2 Backbleche)

Für den Teig:
1 Pck. TK-Blätterteig (450 g, 6 rechteckige Platten)

Für den Belag:
100 g geriebener Appenzeller-Käse
Paprikapulver edelsüß
frisch gemahlener Pfeffer

Zum Bestreichen:
1 Eigelb (Größe M)
1 EL Milch

Tipp

Die Käsestangen schmecken frisch am besten. Sie können auch eingefroren und vor dem Verzehr kurz aufgebacken werden.

Variante

Käsestangen mit Bacon:
Die Käsestangen schmecken noch würziger, wenn Sie zusätzlich 75 g Bacon (Frühstücksspeck) in feine Streifen schneiden und zusammen mit der Käsemischung auf den Teig streuen.

1 Die Blätterteigplatten nebeneinander zugedeckt nach Packungsanleitung auftauen lassen.
2 Für den Belag Käse, Paprikapulver und Pfeffer in einer Schüssel mischen.
3 Die Teigplatten aufeinander legen und auf einer leicht bemehlten Arbeitsfläche zu einem Rechteck (etwa 20 x 40 cm) ausrollen.
4 Zum Bestreichen Eigelb mit Milch verschlagen und das Blätterteigrechteck mit etwa der Hälfte davon bestreichen. Auf eine Teighälfte die Käsemischung streuen. Die andere Teighälfte darauf klappen und andrücken.
5 Den Teig mit einem scharfen Messer in etwa 2 cm breite Streifen schneiden. Die Streifen spiralförmig drehen und auf Backbleche (mit Backpapier belegt) legen. Die Enden der Käsestangen auf dem Backpapier andrücken.
6 Spiralen etwa 10 Minuten ruhen lassen, dann mit der restlichen Eiermilch bestreichen. Die Backbleche nacheinander (bei Heißluft zusammen) in den vorgeheizten Backofen schieben.

Ober-/Unterhitze: etwa 200 °C
Heißluft: etwa 180 °C
Backzeit: etwa 15 Minuten je Backblech.

7 Die Käsestangen mit dem Backpapier auf Kuchenroste ziehen und erkalten lassen.

Oliven-Kräuter-Stangen

Zubereitungszeit: 50 Min., ohne Auftauzeit | Backzeit: etwa 15 Min.
Insgesamt: E: 55 g, F: 229 g, Kh: 93 g, kJ: 11024, kcal: 2634 | **Gut vorzubereiten**

16 Stück

200 g	*TK-Blätterteig (4 quadratische Platten)*
80 g	*Pinienkerne*
2	*Knoblauchzehen*
150 g	*schwarze entsteinte Oliven*
70 ml	*Olivenöl*
50 g	*Parmesan-Käse*
1	*Rosmarinzweig*

Zum Bestreichen und Bestreuen:

1	*Eiweiß*
1 EL	*Wasser*
1 EL	*grobes Meersalz*

1. Die Blätterteigplatten nebeneinander zugedeckt nach Packungsanleitung auftauen lassen.
2. Pinienkerne in einer Pfanne ohne Fett unter Wenden goldbraun rösten, herausnehmen und auf einem Teller erkalten lassen.
3. Knoblauch abziehen. Oliven, Knoblauch und Pinienkerne sehr fein hacken (Blitzhacker) und in eine Schüssel geben. Olivenöl hinzugießen und zu einer Paste pürieren.
4. Parmesan-Käse auf einer Haushaltsreibe fein reiben und unter die Paste rühren. Rosmarin abspülen und trockentupfen. Die Nadeln abzupfen. Nadeln klein hacken und ebenfalls unterrühren.
5. Jede Blätterteigplatte auf einer bemehlten Arbeitsfläche zu einem Rechteck (etwa 12 x 30 cm) ausrollen.
6. Zwei Blätterteigplatten mit der Olivenpaste bestreichen, dabei rundherum einen kleinen Rand frei lassen, mit je einer Blätterteigplatte belegen und fest andrücken.
7. Die gefüllten Blätterteigrechtecke mit einem Teigrädchen längs in etwa 1 $^1/_2$ cm breite Streifen rädeln oder schneiden und auf ein Backblech (mit Backpapier belegt) legen.
8. Zum Bestreichen und Bestreuen Eiweiß mit Wasser verschlagen. Die Teigstreifen damit bestreichen und mit Salz bestreuen. Das Backblech in den vorgeheizten Backofen schieben.

   Ober-/Unterhitze: etwa 200 °C
   Heißluft: etwa 180 °C
   Backzeit: etwa 15 Minuten.

9. Die Oliven-Kräuter-Stangen mit dem Backpapier vom Backblech auf einen Kuchenrost ziehen. Oliven-Kräuter-Stangen warm oder kalt servieren.

Schmandkräcker

Zubereitungszeit: 60 Min., ohne Kühlzeit | Backzeit: etwa 15 Min. je Backblech
Insgesamt: E: 44 g, F: 145 g, Kh: 237 g, kJ: 10270, kcal: 2428 | Für Gäste

etwa 90 Stück (4–5 Backbleche)

Für den Knetteig:

275 g	*Weizenmehl*
1 gestr. TL	*Salz*
200 g	*Schmand (24 % Fett)*
70 g	*weiche Butter oder Margarine*

Zum Belegen:

etwa 70 g	*geröstete, gesalzene Cashewkerne*

Zum Bestreichen:

1	*Eigelb*
1 EL	*Milch*
	grobes Meersalz

1 Für den Knetteig Mehl in eine Rührschüssel sieben. Salz, Schmand und Butter oder Margarine hinzufügen. Die Zutaten mit Handrührgerät mit Rührbesen zunächst kurz auf niedrigster, dann auf höchster Stufe gut durcharbeiten.
2 Anschließend auf einer bemehlten Arbeitsfläche zu einem glatten Teig verkneten. Den Teig zu einer Rolle formen und in Frischhaltefolie gewickelt mindestens 1 Stunde kalt stellen.
3 Zum Belegen Cashewkerne der Länge nach halbieren.
4 Etwa ein Drittel des Teiges abnehmen, restlichen Teig eingewickelt weiter kalt stellen. Teig auf einer bemehlten Arbeitsfläche etwa 2 mm dünn ausrollen, mit einem ovalen oder runden Ausstecher (etwa 6 x 8 cm oder Ø etwa 6 cm) Teigkräcker ausstechen und auf Backbleche (gefettet, mit Backpapier belegt) legen. Teigkräcker mit einer Gabel mehrmals einstechen.
5 Restlichen Teig auf die gleiche Weise verarbeiten.
6 Zum Bestreichen Eigelb mit Milch verschlagen. Die Teigkräcker damit bestreichen.
7 Auf jeden Teigkräcker 1–2 halbe Cashewkerne legen und etwas Meersalz streuen. Die Backbleche nacheinander (bei Heißluft zusammen) in den vorgeheizten Backofen schieben.

Ober-/Unterhitze: etwa 200 °C
Heißluft: etwa 180 °C
Backzeit: etwa 15 Minuten je Backblech.

8 Kräcker mit dem Backpapier von den Backblechen auf Kuchenroste ziehen und erkalten lassen.

Tipp

Kräcker halten sich in einer gut schließenden Dose etwa 14 Tage frisch. Sie schmecken dann noch besser, wenn sie nochmals im Backofen bei Ober-/Unterhitze: etwa 180 °C 3–5 Minuten aufgebacken werden.

Abwandlung

Sesam-Curry-Kräcker: (etwa 80 Stück, 4 Backbleche)
Dafür den Knetteig wie im Rezept Schmandkräcker zubereiten. Dabei zusätzlich 1 gestrichenen Esslöffel Currypulver mit dem Mehl vermischen. Teig wie beschrieben kalt stellen. Dann den Teig vierteln und jedes Teigviertel nacheinander auf einer leicht bemehlten Arbeitsfläche etwa 2 mm dünn zu einem Rechteck (etwa 35 x 28 cm) ausrollen. Die Teigrechtecke in Quadrate (etwa 7 x 7 cm) schneiden. Teigquadrate auf Backbleche (mit Backpapier belegt) legen und mit einer Gabel mehrfach einstechen. Dann 1 Eigelb mit 2 Esslöffeln Milch verschlagen und die Quadrate damit bestreichen. Die Quadrate mit etwa 30 g geschälten Sesamsamen bestreuen. Die Backbleche nacheinander (bei Heißluft zusammen) in den vorgeheizten Backofen schieben und bei der gleichen Backofeneinstellung etwa 15 Minuten je Backblech backen.

Rosmarinecken

Zubereitungszeit: 45 Min., ohne Teiggeh- und Ruhezeit | Backzeit: 8–10 Min. je Backblech
Insgesamt: E: 32 g, F: 75 g, Kh: 175 g, kJ: 6240, kcal: 1491 | Raffiniert

4 Backbleche

Für den Hefeteig:

125 g	*Weizenmehl (Type 550)*
1/2 Pck. (21 g)	*frische Hefe*
1 TL	*Zucker*
100 ml	*lauwarmes Wasser*
2 TL	*getrocknete Rosmarinnadeln*
125 g	*Weizen-Vollkornmehl*
1 1/2 gestr. TL	*Salz*
7 EL	*Olivenöl*

1 Für den Teig Weizenmehl in eine Rührschüssel sieben. In die Mitte eine Vertiefung drücken. Hefe hineinbröckeln, Zucker und etwas von dem Wasser hinzufügen. Mit einer Gabel vorsichtig verrühren und etwa 10 Minuten gehen lassen.

2 Rosmarin zwischen den Fingern zerreiben bzw. fein hacken. Rosmarin, Weizen-Vollkornmehl, Salz, Öl und restliches Wasser zum vorgegangenen Teig geben. Die Zutaten mit Handrührgerät mit Knethaken zunächst auf niedrigster, dann auf höchster Stufe in etwa 5 Minuten zu einem Teig verarbeiten. Den Teig zugedeckt so lange an einem warmen Ort gehen lassen, bis er sich sichtbar vergrößert hat.

3 Teig aus der Schüssel nehmen, auf einer bemehlten Arbeitsfläche nochmals kurz durchkneten, in mehreren Portionen auf der bemehlten Arbeitsfläche sehr dünn ausrollen.

4 Aus dem Teig Quadrate (etwa 7 x 7 cm) ausschneiden, diese diagonal halbieren. Teigecken auf Backbleche (gefettet, mit Backpapier belegt) legen. Diese zugedeckt nochmals etwa 5 Minuten gehen lassen. Die Backbleche nacheinander (bei Heißluft zusammen) in den vorgeheizten Backofen schieben.

Ober-/Unterhitze: etwa 200 °C
Heißluft: etwa 180 °C
Backzeit: 8–10 Minuten je Backblech.

5 Die Rosmarinecken mit Backpapier von den Backblechen ziehen und auf Kuchenrosten erkalten lassen.

Tipp

Anstatt Rosmarin 20 g fein gehackte, schwarze Oliven verwenden.

Pikante **Schweineöhrchen**

Zubereitungszeit: 40 Min., ohne Auftauzeit | Backzeit: etwa 15 Min. je Backblech
Insgesamt: E: 89 g, F: 171 g, Kh: 162 g, kJ: 10587, kcal: 2530 | **Für Kinder – einfach**

etwa 50 Stück

1 Pck.	*TK-Blätterteig (450 g, 10 quadratische Platten)*

Zum Bestreichen:

2	*Eier*
etwa 150 g	*geriebener Parmesan-Käse*
1 TL	*Paprikapulver edelsüß*

1. Blätterteigplatten nebeneinander zugedeckt bei Zimmertemperatur auftauen lassen. Die einzelnen Blätterteigplatten halbieren, jeweils 2 Hälften aufeinander legen und zu Rechtecken (etwa 5 x 20 cm) ausrollen. Rechtecke etwa 5 Minuten ruhen lassen.
2. Zum Bestreichen Eier verschlagen. Parmesan und Paprikapulver unterrühren. Die Käsemasse mit Hilfe eines Messers dünn auf die Blätterteigstreifen streichen.
3. Die einzelnen Blätterteigrechtecke in gut 1 cm breite Streifen schneiden (je etwa 5 Streifen). Die Teigstreifen von beiden Enden her zur Mitte aufrollen.
4. Die Schweineöhrchen auf Backbleche (mit Backpapier belegt) legen. Die Backbleche nacheinander (bei Heißluft zusammen) in den vorgeheizten Backofen schieben.

   Ober-/Unterhitze: etwa 200 °C
   Heißluft: etwa 180 °C
   Backzeit: etwa 15 Minuten je Backblech.

5. Die Schweineöhrchen mit dem Backpapier von den Backblechen auf Kuchenroste ziehen. Schweineöhrchen erkalten lassen.

Zucchini-Käse-Muffins

Zubereitungszeit: 50 Min. | Backzeit: etwa 30 Min. | Pro Stück: E: 6 g, F: 10 g, Kh: 17 g, kJ: 784, kcal: 187 | Zum Vorbereiten

12 Stück

1	lange Zucchini
	Salz
3	mittelgroße Tomaten

Für den Teig:

100 g	alter Gouda-Käse
150 g	Weizenmehl
2 gestr. TL	Dr. Oetker Backin
100 g	Maismehl
1 gestr. TL	Salz
3	Eier (Größe M)
5 EL	Olivenöl
125 ml	
(1/8 l)	Milch

Zum Bestreuen:

1/2 Bund	Schnittlauch

Tipp

Die Muffins schmecken warm und kalt.
Die übergeklappten Zucchinienden nach Belieben vor dem Backen mit Olivenöl bestreichen, dann trocknen sie nicht so aus.

1 Zucchini waschen, abtrocknen und die Enden abschneiden. Zucchini der Länge nach in 12 dünne Scheiben schneiden (evtl. mit einer Aufschnittmaschine). Die Scheiben nebeneinander legen, mit Salz bestreuen und bis zur weiteren Verwendung ziehen lassen.

2 In der Zwischenzeit Tomaten waschen, abtrocknen, die Stängelansätze herausschneiden und jede Tomate in 4 Scheiben schneiden.

3 Für den Teig Gouda grob raspeln. Mehl mit Backpulver mischen und in eine Rührschüssel sieben. Maismehl, Salz und Gouda untermengen. Eier, Öl und Milch hinzufügen und mit Handrührgerät mit Rührbesen kurz unterrühren.

4 Zucchinischeiben trockentupfen und je 1 Scheibe in jede Vertiefung einer Muffinform (für 12 Muffins, gefettet, gemehlt) legen, dabei die Enden überstehen lassen. Den Teig hineinfüllen. Je 1 Tomatenscheibe auf den Muffinteig legen und die Zucchinienden darüber zusammenlegen. Die Muffinform auf dem Rost in den vorgeheizten Backofen schieben.

Ober-/Unterhitze: etwa 180 °C
Heißluft: etwa 160 °C
Backzeit: etwa 30 Minuten.

5 Die Muffins etwa 10 Minuten in der Form stehen lassen, dann aus der Form lösen (evtl. vorsichtig mithilfe eines Messers heraussheben) und auf einem Kuchenrost erkalten lassen.

6 Zum Bestreuen Schnittlauch abspülen, trockentupfen, in Röllchen schneiden und die Muffins damit bestreuen.

Käse-Muffins

Zubereitungszeit: 25 Min., ohne Abkühlzeit | Backzeit: etwa 25 Min. | Pro Stück: E: 9 g, F: 14 g, Kh: 16 g, kJ: 939, kcal: 224

Einfach

12 Stück

250 g	*Weizenmehl*
3 gestr. TL	*Dr. Oetker Backin*
½ TL	*Salz*
3	*Eier (Größe M)*
125 ml (⅛ l)	*Buttermilch*
75 ml	*Olivenöl*
1 gest. TL	*Paprikapulver edelsüß*
200 g	*geriebener Emmentaler-Käse*

1 Mehl mit Backpulver mischen und in eine Schüssel sieben. Salz, Eier, Buttermilch und Öl hinzufügen und mit Handrührgerät mit Rührbesen in etwa 1 Minute zu einem glatten Teig verarbeiten. Paprikapulver und Käse unterrühren.

2 Den Teig mit einem Löffel in die Vertiefungen der Muffinform (für 12 Muffins, gefettet, gemehlt) füllen. Die Form auf dem Rost in den vorgeheizten Backofen schieben.

Ober-/ Unterhitze: etwa 200 °C
Heißluft: etwa 180 °C
Backzeit: etwa 25 Minuten.

3 Die Muffins in der Form etwa 5 Minuten auf einem Kuchenrost abkühlen lassen. Dann die Muffins aus der Form lösen und auf einem mit Backpapier belegten Kuchenrost erkalten lassen.

Tipp

Die Muffins können auch warm serviert werden. Lecker ist ein Tomatensalat dazu.

Käse-Schinken-Hörnchen

Zubereitungszeit: 30 Min. | Backzeit: etwa 20 Min. | Pro Stück: E: 14 g, F: 14 g, Kh: 23 g, kJ: 1142, kcal: 273 | Raffiniert

8 Stück

Für den Quark-Öl-Teig:

250 g	*Weizenmehl*
3 gestr. TL	*Dr. Oetker Backin*
125 g	*Magerquark*
50 ml	*Milch*
50 ml	*Speiseöl, z. B. Sonnenblumenöl*
1	*Eiweiß (Größe M)*
1/2 gestr. TL	*Salz*

Für die Füllung:

4 Scheiben	*gekochter Schinken (100 g)*
4 Scheiben	*Gouda-Käse (150 g)*

Zum Bestreichen und Bestreuen:

1	*Eigelb (Größe M)*
1 EL	*Milch*
	grob gemahlener Pfeffer
	Sesamsamen

1 Für den Teig Mehl mit Backpulver mischen und in eine Rührschüssel sieben. Restliche Teigzutaten hinzufügen und alles mit Handrührgerät mit Knethaken erst kurz auf niedrigster, dann auf höchster Stufe zu einem glatten Teig verarbeiten (nicht zu lange, der Teig klebt sonst).

2 Teig auf der bemehlten Arbeitsfläche zu einer Rolle formen und zu einem Quadrat (etwa 34 x 34 cm) ausrollen. Das Quadrat in 4 kleine Quadrate schneiden, dann jedes Quadrat diagonal halbieren, so dass 8 Dreiecke entstehen.

3 Für die Füllung Schinken und Gouda in Größe der Dreiecke schneiden, jedes Teigdreieck mit je 1 Käse- und Schinkenscheibe belegen. Die Teigdreiecke von der breiten Seite her zu Hörnchen aufrollen und auf ein Backblech (mit Backpapier belegt) legen. Eigelb mit Milch verschlagen, die Hörnchen damit bestreichen, mit Pfeffer und Sesam bestreuen. Das Backblech in den vorgeheizten Backofen schieben.

Ober-/Unterhitze: etwa 180 °C
Heißluft: etwa 160 °C
Backzeit: etwa 20 Minuten.

4 Die Hörnchen mit Backpapier auf einen Kuchenrost ziehen und erkalten lassen.

Pizzastreifen

Zubereitungszeit: 45 Min., ohne Auftau- und Abkühlzeit | Backzeit: etwa 15 Min. je Backblech
Pro Stück: E: 1 g, F: 2 g, Kh: 4 g, kJ: 179, kcal: 43 | **Beliebt**

54 Stück

Für den Teig:

450 g	*TK-Pizzateig (6 Scheiben)*

Für den Belag:

1 Rolle	*Knoblauchbutter (125 g)*
2 Bund	*Schnittlauch*
54 hauchdünne Scheiben	*geräucherter Schinken (etwa 200 g)*

1 Für den Teig TK-Pizzateig-Scheiben nach Packungsanleitung nebeneinander zugedeckt auftauen lassen.
2 Jede Teigscheibe quer in 9 Streifen schneiden und mit einer Gabel mehrmals einstechen. Knoblauchbutter in kleinen Stücken darauf verteilen.
3 Die Teigstreifen mit etwas Abstand auf 2 Backbleche (mit Backpapier belegt) legen. Die Backbleche nacheinander (bei Heißluft zusammen) in den vorgeheizten Backofen schieben.

Ober-/Unterhitze: etwa 200 °C
Heißluft: etwa 180 °C
Backzeit: etwa 15 Minuten je Backblech.

4 Die Pizzastreifen vom Backpapier lösen und auf einen Kuchenrost legen.
5 Schnittlauch abspülen und trockentupfen. Die Pizzastreifen mit einigen Schnittlauchhalmen belegen und mit je 1 Schinkenscheibe umwickeln.

Tipp

Anstelle von TK-Pizzateig können Sie auch eine Packung (2 Beutel) Grundmischung Pizzateig verwenden. Den Teig nach Packungsanleitung zubereiten, zu einem Rechteck (etwa 30 x 40 cm) ausrollen und in kleine Rechtecke (etwa 10 x 20 cm) schneiden. Dann weiterarbeiten wie ab Punkt 2 angegeben.

Speckschnecken

Zubereitungszeit: 45 Minuten, ohne Kühlzeit | Backzeit: etwa 20 Min. je Backblech
Insgesamt: E: 66 g, F: 156 g, Kh: 168 g, kJ: 9746, kcal: 2327 | Für Gäste

etwa 40 Stück (2 Backbleche)

Zum Vorbereiten:

100 g	*fetter, geräucherter Speck*

Für den Knetteig:

200 g	*Weizenmehl (Type 550)*
½ TL	*Dr. Oetker Backin*
½ gestr. TL	*Salz*
1	*Ei (Größe M)*
3 EL	*kaltes Wasser*

Für die Füllung:

2 Bund	*Schnittlauch*
4 gestr. EL	*Semmelbrösel*
200 g	*Bacon in Scheiben (Frühstücksspeck)*
	frisch gemahlener Pfeffer

1 Zum Vorbereiten Speck in kleine Würfel schneiden und in einer Pfanne bei mittlerer Hitze ausbraten. Speckfett mit den Würfeln abkühlen lassen, bis das Fett cremig weiß ist.

2 Für den Teig Mehl mit Backpulver mischen und in eine Rührschüssel sieben. Salz, Speckwürfel mit dem Speckfett, Ei und Wasser hinzufügen. Die Zutaten mit Handrührgerät mit Rührbesen zunächst kurz auf niedrigster, dann auf höchster Stufe gut durcharbeiten.

3 Anschließend auf einer bemehlten Arbeitsfläche zu einem glatten Teig verkneten. Teig in Frischhaltefolie wickeln und etwa 1 Stunde kalt stellen.

4 Für die Füllung Schnittlauch abspülen, trockentupfen, in Röllchen schneiden und mit den Semmelbröseln mischen.

5 Den Teig auf einer bemehlten Arbeitsfläche zu einem Reckteck (etwa 50 x 30 cm) ausrollen. Baconscheiben nebeneinander auf den Teig legen, mit Pfeffer bestreuen. Schnittlauch-Semmelbrösel-Mischung darauf verteilen. Rundherum einen etwa 1 cm breiten Rand lassen. Teig von der längeren Seite her aufrollen. Teigrolle halbieren, so dass 2 Rollen entstehen. Rollen kalt stellen.

6 Die Rollen mit einem scharfen Messer in etwa 1 cm breite Scheiben schneiden. Die Speckschnecken auf Backbleche (mit Backpapier belegt) legen. Die Backbleche nacheinander (bei Heißluft zusammen) in den vorgeheizten Backofen schieben.

Ober-/Unterhitze: etwa 180 °C
Heißluft: etwa 160 °C
Backzeit: etwa 20 Minuten je Backblech.

7 Die Schnecken sofort auf einen mit Küchenpapier belegten Kuchenrost legen und abkühlen lassen.

Tipp

Statt Backpapier Spezialpapier zum Aufbacken von Pommes frites verwenden, es nimmt während des Backens das Fett auf. Die Schnecken brauchen dann nach dem Backen nicht auf Küchenpapier abzukühlen. Die Speckschnecken lassen sich sehr gut einfrieren und aufgetaut im Backofen 2–3 Minuten bei etwa 200 °C (Ober-/Unterhitze) aufbacken.

Käseschnecken

Zubereitungszeit: 40 Min., ohne Teiggehzeit | Backzeit: 25–30 Min.
Pro Stück: E: 13 g, F: 13 g, Kh: 25 g, kJ: 1139, kcal: 272 | Beliebt

etwa 15 Stück

Für den Hefeteig:

250 ml (1/4 l)	Milch
500 g	Weizenmehl
1 Pck.	Dr. Oetker Trockenbackhefe
1/2 TL	Zucker
1 Msp.	Salz
50 g	weiche Butter
1	Ei (Größe M)

Für die Füllung:

10 g	Butter
2	Zwiebeln
200 g	gemischtes Gehacktes (halb Schweine-, halb Rindergehacktes)
1	Ei (Größe M)
1 EL	gemischte, gehackte Kräuter (z. B. Petersilie, Dill, Basilikum)
	Salz
	frisch gemahlener Pfeffer
300 g	Schnittkäse mit Kräutern

1 Für den Teig Milch in einem kleinen Topf erwärmen. Mehl in eine Schüssel sieben und mit der Trockenbackhefe sorgfältig vermischen.
2 Milch, Zucker, Salz, Butter und Ei hinzufügen und mit Handrührgerät mit Knethaken zunächst kurz auf niedrigster, dann auf höchster Stufe in etwa 5 Minuten zu einem Teig verarbeiten. Den Teig zugedeckt so lange an einem warmen Ort gehen lassen, bis er sichtbar vergrößert hat.
3 Für die Füllung die Butter in einer Pfanne zerlassen. Zwiebeln abziehen, würfeln und darin andünsten. Zwiebelwürfel erkalten lassen und anschließend mit Gehacktem, Ei und Kräutern verkneten. Füllung mit Salz und Pfeffer würzen. Käse in kleine Würfel schneiden.
4 Den Teig mit Mehl bestäuben, aus der Schüssel nehmen und auf einer leicht bemehlten Arbeitsfläche nochmals gut durchkneten. Den Teig zu einer Platte (etwa 30 x 40 cm) ausrollen. Gehacktesmasse gleichmäßig darauf verteilen, dabei rundherum einen kleinen Rand frei lassen. Käse darauf streuen und den Teig von der kürzeren Seite her aufrollen.
5 Teigrolle in knapp 2 cm dicke Scheiben schneiden. Käseschnecken auf ein Backblech (30 x 40 cm, mit Backpapier belegt) legen, nochmals etwa 15 Minuten gehen lassen.
6 Das Backblech in den vorgeheizten Backofen schieben.

Ober-/Unterhitze: etwa 200 °C
Heißluft: etwa 180 °C
Backzeit: 25–30 Minuten.

Pizzabrote (Focaccia)

Zubereitungszeit: etwa 45 Min., ohne Teiggehzeit | Backzeit: 15–20 Min. | Pro Stück: E: 4 g, F: 5 g, Kh: 30 g, kJ: 787, kcal: 188
Für Gäste

etwa 12 Stück, 2 Backbleche

500 g	*Weizenmehl*
1/2 Pck. (21 g)	*frische Hefe*
250 ml (1/4 l)	*lauwarmes Wasser*
1 Prise	*Zucker*
1 TL	*Salz*
30 g	*Margarine*
2–3 EL	*Olivenöl*
1 EL	*getrockneter, gerebelter Oregano*
1 EL	*getrockneter, gerebelter Thymian*

1 Für den Teig Weizenmehl in eine Rührschüssel sieben. In die Mitte eine Vertiefung drücken. Hefe hineinbröckeln, Zucker, Salz und etwas von dem Wasser hinzufügen. Mit einer Gabel vorsichtig verrühren und etwa 10 Minuten gehen lassen.
2 Margarine und restliches Wasser und die Zutaten mit Handrührgerät mit Knethaken zunächst auf niedrigster, dann auf höchster Stufe in etwa 5 Minuten zu einem glatten Teig verarbeiten. Den Teig zugedeckt an einem warmen Ort so lange gehen lassen, bis er sich sichtbar vergrößert hat.
3 Den Teig mit Mehl bestäuben, aus der Schüssel nehmen, auf einer leicht bemehlten Arbeitsfläche durchkneten und in 12 Stücke teilen. Diese zu ovalen Fladen ausrollen.
4 Die Fladen auf Backbleche (gefettet) legen. Mit einem Löffelstiel Vertiefungen in die Fladen drücken. Fladen mit Olivenöl bestreichen und mit den Kräutern bestreuen.
5 Die Backbleche nacheinander (bei Heißluft zusammen) in den vorgeheizten Backofen schieben und die Fladen goldbraun backen.

Ober-/Unterhitze: etwa 220 °C
Heißluft: etwa 200 °C
Backzeit: 15–20 Minuten.

Rollenbrötchen

Zubereitungszeit: 60 Min., ohne Teiggeh- und Kühlzeit | Backzeit: 25–30 Min.
Pro Stück: E: 6 g, F: 27 g, Kh: 41 g, kJ: 1832, kcal: 437 | Etwas aufwändiger

8 Stück

Für den Hefeteig:

370 g	*Weizenmehl (Type 550)*
1 Pck.	*Dr. Oetker Trockenbackhefe*
1 TL	*Zucker*
1 gestr. TL	*Salz*
200 ml	*lauwarmes Wasser*
50 g	*weiche Butter oder Margarine*

Für die Füllung:

200 g	*Butter*
50 g	*Weizenmehl (Type 550)*
2 EL	*Schwarzkümmelsamen (Reformhaus)*
1–2 TL	*Paprikapulver edelsüß*
½ TL	*Paprikapulver rosenscharf*

1. Für den Teig Mehl in eine Rührschüssel sieben und sorgfältig mit der Trockenhefe vermischen. Zucker, Salz, Wasser und Butter oder Margarine hinzufügen.
2. Die Zutaten mit Handrührgerät mit Knethaken zunächst auf niedrigster, dann auf höchster Stufe in etwa 5 Minuten zu einem Teig verarbeiten. Den Teig zugedeckt so lange an einem warmen Ort gehen lassen, bis er sich sichtbar vergrößert hat.
3. Für die Füllung Butter mit Mehl, Schwarzkümmel und Paprikapulver auf einer bemehlten Arbeitsfläche verkneten, zu einem Rechteck (etwa 18 x 15 cm) ausrollen und kalt stellen.
4. Den gegangenen Teig leicht mit Mehl bestäuben, aus der Schüssel nehmen und auf einer bemehlten Arbeitsfläche nochmals kurz durchkneten. Teig zu einem Rechteck (etwa 38 x 16 cm) ausrollen.
5. Die Füllung in die Mitte des Teigrechtecks legen. Teigränder darüberschlagen, andrücken. Teig wieder zu einem Rechteck (etwa 38 x 16 cm) ausrollen. Die beiden kurzen Seiten nacheinander zur Teigmitte klappen, so dass 3 Schichten übereineinander liegen. Teig wieder zu einem Rechteck (etwa 38 x 16 cm) ausrollen, kurze Seiten wieder auf die Teigmitte legen, zugedeckt etwa 15 Minuten kalt stellen.
6. Teig auf einer leicht bemehlten Arbeitsfläche zu einem Rechteck (etwa 40 x 20 cm) ausrollen und von der langen Seite her aufrollen. Rolle in 8 gleich große Stücke schneiden. Jedes Stück in der Mitte mit einem Kochlöffelstiel leicht eindrücken. Teigbrötchen auf ein Backblech (gefettet, mit Backpapier belegt) setzen, mit einem 2. Backblech abdecken und an einem warmen Ort etwa 20 Minuten gehen lassen. Das Backblech in den vorgeheizten Backofen schieben.

   Ober-/Unterhitze: etwa 200 °C
   Heißluft: etwa 180 °C
   Backzeit: 25–30 Minuten.

7. Die Brötchen mit dem Backpapier vom Backblech ziehen und auf einem Kuchenrost erkalten lassen.

Gerollt, gefüllt und aufgespießt

Salate, Carpaccio und Co.

Gebackenes und Überbackenes

Aus Topf und Pfanne

Pikantes Gebäck

A

B

C

D/F

G

H/I

K

L

Umwelthinweis	Dieses Buch und der Einband wurden auf chlorfrei gebleichtem Papier gedruckt. Die Einschrumpffolie – zum Schutz vor Verschmutzung – ist aus umweltfreundlichem und recyclingfähigem PE-Material.
	Wenn Sie Anregungen, Vorschläge oder Fragen zu unseren Büchern haben, rufen Sie uns unter folgender Nummer an 0521 155–2580 oder 520645 oder schreiben Sie uns: Dr. Oetker Verlag KG, Am Bach 11, 33602 Bielefeld oder besuchen Sie uns im Internet unter www.oetker.de.
Copyright	© 2007 by Dr. Oetker Verlag KG, Bielefeld
Redaktion	Andrea Gloß
Titelfoto	Thomas Diercks, Fotostudio Diercks, Hamburg
Innenfotos	Hans-Joachim Schmidt, Hamburg (4, 8–13, 17, 18, 21, 22, 29, 32, 45, 48, 53, 59–65, 73, 95, 97, 98, 101, 103, 105, 107) Walter Cimbal, Hamburg (S. 25, 84, 85, 88, 111, 115) Fotostudio Diercks, Hamburg (S. 19, 20, 24, 31, 35, 39, 42, 43, 46, 47, 74, 75, 81, 89, 112, 114, 117, 119, 120, 123) Ulli Hartmann, Halle/Westf. (S. 26, 27, 30, 34, 36, 37, 49, 66, 68, 69, 77) Bernd Lippert (S. 116, 122) Antje Plewinski, Berlin (S. 23, 33, 79, 82, 83, 110, 113) Axel Struwe, Bielefeld (S. 50, 51, 54, 55, 56, 67, 72, 78, 79, 86, 87, 90, 99, 102) Brigitte Wegner (S. 38, 57, 91, 118)
Foodstyling	Anke Rabeler, Berlin
Requisite	Christine Mähler, Hamburg
Rezeptentwicklung und -beratung	Olaf Brummel, Bielefeld Mechthild Plogmaker, Dr. Oetker Versuchsküche
Nährwertberechnungen	Nutri Service, Hennef
Grafisches Konzept	kontur:design, Bielefeld
Gestaltung	M·D·H Haselhorst, Bielefeld
Titelgestaltung	kontur:design, Bielefeld
Satz	Typografika, Bielefeld
Reproduktionen	Fotolito Longo, Bozen, Italien
Druck und Bindung	Firmengruppe APPL, aprinta druck, Wemding

Die Autoren haben dieses Buch nach bestem Wissen und Gewissen erarbeitet. Alle Rezepte, Tipps und Ratschläge sind mit Sorgfalt ausgewählt und geprüft. Eine Haftung des Verlages und seiner Beauftragten für alle erdenklichen Schäden an Personen, Sach- und Vermögensgegenständen ist ausgeschlossen.

ISBN: 978–3–7670–0654–6